Trüffeln erhält man während der Saison im Herbst und im frühen Winter in Delikatessengeschäften. Sie sind sehr teuer – aber ihr Geld wert. Geld für Trüffeln aus der Dose oder dem Glas spart man besser – ihr Aroma hat mit dem frischer Trüffeln nichts gemein.

Fisch in zahlreichen Varianten und frische Meeresfrüchte zählen zu den beliebtesten Spezialitäten der italienischen Küche.

Parmesanflocken macht man am besten mit einem Käsehobel, man kann aber auch einen Gemüsehobel nehmen.

Einfach ital

Einfach italienisch

Einfach italienisch

Mangiare come in Italia
veloce - simplice - raffinato

Moderne Rezepte in maximal 30 Minuten zubereitet; z.B. mit Arborio-Reis, Polenta, Porcini, Morcheln, Orzo, Linguine, Fontina, Pecorino, Pancetta, Marsala, Schwarzkohl, Trüffelöl, Kürbiskernöl, Safran und Balsamessig.

Fran Warde

Fotos von David Loftus

FALKEN

Im FALKEN Verlag sind zum Thema „Essen und Trinken" zahlreiche Titel erschienen. Sie sind überall erhältlich, wo es Bücher gibt.

Sie finden uns im Internet: **www.falken.de**

Der Text dieses Buches entspricht den Regeln der neuen deutschen Rechtschreibung.

Dieses Buch wurde auf chlorfrei gebleichtem und säurefreiem Papier gedruckt.

ISBN 3 8068 7452 2

Erstveröffentlichung 1998 unter dem Titel 30 MINUTE ITALIAN durch Hamlyn, Octopus Publishing Group Ltd., 2-4 Heron Quays, London E14 4JP

Umschlaggestaltung: Peter Udo Pinzer
Übersetzung: Ute Perchtold, Ruth Thiessen
Redaktion: red.sign, Stuttgart und Jürgen Knöppler/FALKEN Verlag
Herstellung: red.sign, Stuttgart und Petra Becker/FALKEN Verlag
Fotos: David Loftus
Produktion und Satz: red.sign, Stuttgart
Gesamtkonzeption: FALKEN Verlag, D-65527 Niedernhausen/Ts.

817 2635 4453 6271

Hinweise zu den Rezepten

1. Alle Rezepte sind ausreichend für 4 Personen.
2. In allen Rezepten werden standardisierte Löffelgrößen verwendet:
   1 EL = 1 Esslöffel mit 15 ml/15 g Inhalt
   1 TL = 1 Teelöffel mit 5 ml/5 g Inhalt
3. Die Rezepte beziehen sich auf mittelgroße, frische Eier der Größe M.
4. Bei Milch handelt es sich um Vollmilch.
5. Wenn nichts anderes angegeben ist, sollten möglichst frische Kräuter verwendet werden. Alternativ kann man auch getrocknete verwenden. Dann müssen jedoch die Mengenangaben halbiert werden.
6. Den Backofen bitte jeweils auf die angegebene Temperatur vorheizen. Wer im Umluftbetrieb bäckt, muss die angegebene Temperatur um 20 °C reduzieren.

Inhalt

Vorwort

Mit dem Kochen begann ich schon früh – als ich meiner Mutter in der Küche „half", indem ich Zucker und Mehl verstreute und versuchte, schneller zu rühren als sie. Sobald ich wusste, dass zum Kochen auch Abwaschen und Aufräumen gehören, durfte ich allein in der Küche arbeiten: An Samstagen Kuchen backen, dann Pasteten und Lasagne zubereiten. Später besuchte ich ein Internat, in dem es fürchterliches Essen gab. Dienstags hatten wir Hauswirtschaftslehre, und ich versuchte, für Freunde ein anständiges Gericht zu kochen. Schon damals vertrauten alle darauf, dass ich das hinbekam – fast immer mit Recht.

In jener Zeit wurden wohl die Fundamente für meine Karriere als Köchin gelegt, die mir nach wie vor Freude bereitet. Noch immer lerne ich dazu, denn es ist ein nie endender kreativer Prozess, aus dem köstliche Gerichte entstehen, die man dann mit Freunden genießt.

Mein Ziel war es, fantasie- und geschmackvolle Rezepte zu kreieren, die schnell und einfach zuzubereiten und natürlich gesund sind. Die Rezepte in diesem Buch wurden entwickelt, um den Beweis anzutreten, dass es möglich ist, in 30 Minuten köstliche Mahlzeiten zuzubereiten, die einem das Wasser im Mund zusammenlaufen lassen.

Italienische Rezepte sind besonders geeignet, wenn man gut und schnell kochen will, denn die Italiener verarbeiten gern frische Nahrungsmittel mit schnellen Gartechniken. Ihre Ernährung ist ihnen äußerst wichtig, und die Sorgfalt bei der Auswahl der Zutaten verbindet sich bei ihnen mit einer großen Liebe für das Kochen zu Hause. Und tatsächlich genießt man die italienische Küche am besten als Gast in Privathäusern.

Italienische Gerichte – in ihrer ganzen regionalen Vielfalt – sind nicht nur köstlich, sondern auch gesund. Denn diese Küche bevorzugt frische Produkte: Gemüse und Obst, Fisch und Meeresfrüchte, Teigwaren und Olivenöl. Sie ist daher reich an Vitaminen und Mineralien und arm an gesättigten Fetten. Sie gilt als eine der gesündesten der Welt.

Dieses Buch enthält viele Gemüserezepte, die durchaus allein eine ganze Abendmahlzeit ergeben. Man kann aber auch zwei oder drei Gemüse-, Pasta- oder Reisgerichte servieren und ihre Geschmacksvielfalt genießen. Dann muss man aber darauf achten, dass man sich nach dem Essen nicht zu schwer fühlt. Es gibt auch Fleisch- und Fischgerichte, die man in 30 Minuten zubereiten kann – eine Freude für jeden Koch, der nach einem arbeitsreichen Tag nicht an den Herd gekettet sein möchte. Das Buch enthält auch Rezepte für Nachspeisen für besondere Tage. Besonders stolz bin ich auf das Schokoladenrisotto – eine völlig neue Idee –, das einfach zuzubereiten ist und dessen Zutaten sich in jeder gut ausgestatteten Küche finden sollten.

Beim Einkaufen folgen Sie am besten dem Beispiel der Italiener und lassen äußerste Sorgfalt walten. In Supermärkten gibt es einige billige Produkte, die das Original nur schlecht ersetzen. So sollte man z.B. Parmesan immer selbst reiben und nie geriebenen Parmesan kaufen. Das auf den nächsten Seiten folgende Glossar ist als Führer zu den wichtigsten und ungewöhnlichsten Zutaten, die in den Rezepten auftauchen, gedacht.

Ivan Wards.

Glossar

Balsamessig
Wird in Modena hergestellt. Der verwendete Traubensaft wird durchschnittlich 7 Jahre in Holzfässern gelagert. Er braucht Zeit zum Reifen und je länger er reift, desto intensiver und süßer ist er – und desto teurer.

Ciabatta
Beliebtes flachlaibiges, löchriges Brot. Ihm können verschiedene Aromen zugesetzt sein.

Fenchel
Ein duftendes Gemüse mit köstlichem Anisaroma. Fenchel eignet sich gut als Beilage zu Fischgerichten. Die faserartig gerippten Blätter passen zu Salsa verde.

Focaccia
Flaches Hefebrot, dessen Teig Olivenöl enthält und das in einer geölten Pfanne gebacken wird. Es wird oft mit Knoblauch, Kräutern, getrockneten Tomaten oder Oliven aromatisiert.

Getrocknete Tomaten
Ihr intensives Aroma verleiht jedem Gericht Schwung. In Öl eingelegte getrocknete Tomaten sind einfacher zu handhaben als die trockenen, die man zunächst einweichen muss.

Kapern
Diese scharfen Knospen eines Strauchs, der in mediterranen Ländern wächst, werden vor allem verwendet, um Saucen zu würzen. Kapern werden meist in Salzlake eingelegt und müssen abgespült werden, bevor man sie verwendet. Kleine Kapern sind die besten.

Käsesorten
Dolcelatte Ein weicher cremiger, blau geäderter Kuhmilchkäse, der 2 Monate reifen muss. Er ist dem Gorgonzola ähnlich, aber milder.
Fontina Ein weicher Kuhmilchkäse aus dem Aostatal in den italienischen Alpen, der bis zu 5 Monate reift. Er erinnert an Gruyère und wird beim Kochen und als Tafelkäse verwendet.
Mascarpone Ein weicher Kuhmilchkäse, den man für Nachspeisen und pikante Gerichte verwendet.
Mozzarella Früher nur aus Büffelmilch hergestellt, macht man ihn heute auch aus Kuhmilch oder einer Mischung der beiden. Dem Kuhmilch-Mozzarella fehlt aber die Weichheit des Aromas. Mozzarella sollte frisch verzehrt werden; er schmilzt gut und eignet sich daher gut für Pizza.
Parmesan Dieser kräftige Hartkäse wird aus teilentrahmter Milch hergestellt und muss bis zu 2 Jahre reifen. Der beste Parmesan weist in der Rinde den Aufdruck Parmigiano-Reggiano auf. Man kauft ihn am Stück und reibt ihn nach Bedarf.
Pecorino Dieser Schafsmilchkäse ist je nach Alter weich oder hart. Er wird überall in Italien hergestellt, sodass sein Geschmack sehr unterschiedlich sein kann. Reifer, harter Pecorino wird wie Parmesan als Reibkäse verwendet.
Ricotta Ein milder, weicher Frischkäse, der als Basis für Füllungen verwendet und oft mit Spinat kombiniert wird. Nur sehr frisch verwenden!

Knoblauch
Eine scharf würzende Lauchart, die in der italienischen Küche intensiv verwendet wird. Knoblauchzehen werden geschält und dann gehackt.

Kräuter

Basilikum Das bekannteste der italienischen Kräuter mit seinen weichen, hellgrünen Blättern ist unverzichtbar für Pesto und eignet sich gut für Tomatengerichte.
Lorbeerblätter Werden meist für Suppen und Eintöpfe als Teil eines Kräutersträußchens verwendet.
Oregano Würzig und aromatisch, ähnelt Majoran.
Rosmarin Seine Blättchen geben ihm sein charakteristisches Aussehen. In Italien wird er oft verwendet, vor allem zu Huhn und Lamm. Er schmeckt sehr intensiv und sollte mit Maßen eingesetzt werden.

Kürbiskernöl Wird aus gerösteten Kürbiskernen gewonnen. Das dickflüssige Öl ist braun mit einem Stich ins Grüne und hat einen intensiven Geschmack, dem man das Rösten anmerkt.

Kürbisse Die beste Sorte sind die Butternusskürbisse. Sie sind besonders süß und fest.

Meersalz Ich halte Maldon-Meersalz aus Essex mit Abstand für das beste; es hat keine Zusätze und seine großen Kristalle sind für Salate wunderbar geeignet.

Oliven Ovale Früchte des Ölbaums, deren Farbe sich beim Reifen von Grün zu Schwarz ändert. Lose Ware ist qualitativ am besten.

Olivenöl Die Bezeichnungen extra vergine, vergine und einfach nur Olivenöl charakterisieren die Art der Produktion, die sich auf den Geschmack auswirkt. Kaltgepresstes extra vergine Öl ist aromareich und eignet sich für Dressings, Saucen und zu Pasta. Zum Braten kann man preiswerteres Öl nehmen.

Pancetta Luftgetrockneter Bauchspeck vom Schwein; ist in Delikatessengeschäften erhältlich.

Panettone Dieser Mailänder Hefekuchen ist mit Eigelb, Rosinen und Orangeat angereichert. Panettone wird traditionell an Weihnachten serviert, aber auch ganz normal zum Kaffee. Getoastet schmeckt er auch zum Frühstück gut.

Parmaschinken Dieser gepökelte Schinken aus der Gegend von Parma in Norditalien ist eine berühmte italienische Delikatesse. Die Haut wird mit Salz eingerieben, dann muss der Schinken hängend 8–10 Monate reifen. Man serviert Parmaschinken hauchdünn geschnitten; oft wird er mit Melonen oder Feigen gereicht.

Pasta Wird aus Hartweizengrieß und Wasser hergestellt. Werden auch Eier verwendet, nennt man sie pasta all'uovo. Ich persönlich ziehe frische Pasta vor, aber auch getrocknete Pasta von einer guten italienischen Firma kann verwendet werden. Die Italiener essen Pasta meist nicht als Hauptgericht, sondern als Gang zwischen Antipasti und Hauptgericht. Pasta gibt es in einer unglaublichen Vielzahl von Formen und Größen.

Pastaformen

Farfalle oder Farfallini Schleifenförmige Teigwaren.
Fusilli Gedrehte oder spiralförmige Teigwaren.
Lasagne Große Teigwarenblätter für gebackene Gerichte. Die Blätter können zerschnitten werden, damit sie ins Kochgeschirr passen.
Linguine Lange, dünne, flache Bandnudeln.
Pappardelle Sehr breite Bandnudeln.
Penne Kurze Röhrennudeln.
Orecchiette Kleine, runde, ohrförmige Nudeln.
Orzo Sehr kleine Nudeln, die fast wie Reiskörner aussehen.
Spaghetti Lange, fadenförmige Nudeln.
Tagliatelle Lange, flache Bandnudeln.
Tortellini Teigringe mit verschiedenen Füllungen.

Pinienkerne Diese kleinen Nüsse mit öliger Konsistenz sind die Samen der südeuropäischen Pinie. Sie werden (meist geröstet) zu Pastasaucen, Füllungen und Salaten verwendet. Da sie schnell ranzig werden, sollte man sie im Kühlschrank lagern.

Polenta Mit Wasser vermengtes Maismehl, das zu einem flachen, goldbraunen Laib verarbeitet wird. Dieser wird in Scheiben geschnitten und gegrillt. Von sich aus hat die vitaminreiche Polenta nur wenig Aroma und muss gewürzt werden. Man kann sie auch in einer kartoffelbreiähnlichen Form servieren.

Puy-Linsen Kleine, runde, grünlich braune Linsen, deren Konsistenz und Aroma alle anderen Linsen überragt. Sie kommen aus der Gegend um Le Puy in Frankreich.

Risotto-Reis Arborio ist der klassische Risotto-Reis aus dem Piemont. Er nimmt viel Flüssigkeit auf, ohne zu weich zu werden. Das Korn ist füllig und unregelmäßig, an den Rändern durchsichtig mit einem harten weißen Kern. Daraus erhält man ein cremiges, gleichzeitig aber noch bissfestes Risotto. Carnaroli ist dem Arborio ähnlich.

Safran Getrocknete Blütennarben einer Krokusart mit einem intensiven, leicht bitteren Geschmack und von goldener Farbe. Kaufen Sie es in Spanien – dort ist es billiger.

Schokolade Der Kakaogehalt von Schokolade variiert stark. Man sollte nur Schokolade kaufen, deren Kakaogehalt mindestens 78 % beträgt.

Schwarzkohl (Cavolo Nero) Ein langer, schlanker Kohl mit süßem Geschmack. Sein intensives Grün hat einen Stich ins Lilaschwarze.

Trüffelöl Mit Öl – meist Olivenöl extra vergine – versetzte Trüffelsäfte. Weißes Trüffelöl ist meist teurer und geschmacksintensiver als schwarzes. Beide Sorten sollte man wegen ihres intensiven Aromas sparsam verwenden.

Wild wachsende Pilze

Pfifferlinge Diese aromatischen Pilze mit pfeffrigem Geschmack sind wie das Horn eines Blasinstruments geformt. Es gibt sie in Farbabstufungen von Braun bis Gelb. Sie lassen sich gut trocknen.
Morcheln Diese knolligen Pilze haben ein intensives Aroma. Frische Morcheln muss man sehr sorgfältig säubern. Sie sind auch als Dosenware und getrocknet erhältlich.
Porcini (italienische Steinpilze) Edle Pilze mit intensivem Geschmack. Sie haben einen runden, brötchenförmigen Hut, einen dicken, rundlichen Stiel und festes, schwammiges Fleisch. Sie sind frisch oder getrocknet im Handel. Getrocknete Porcini müssen in heißem Wasser 15 Minuten eingeweicht werden. Das abgegossene Wasser kann man filtern und für eine Brühe verwenden.
Trüffeln Der König der Pilze wächst unterirdisch in der Nähe von Eichen und wird im Herbst und Winter von Schweinen oder Hunden aufgespürt. Meist sind Trüffeln walnussgroß. Beide Sorten – weiße und schwarze Trüffeln – haben ein so intensives Aroma, dass man nur wenig benötigt. Am besten serviert man sie roh, in hauchdünne Scheiben geschnitten auf Salat oder Pastagerichten.

Suppen

In Italien werden Suppen als *primo piatto*, als erster Gang, alternativ zu Reis- oder Pastagerichten serviert. Viele Suppen sind herzhaft, mit Bohnen, Gemüse und Brot, und können auch als vollständige Mahlzeit dienen.

Vorbereitungszeit **10 Min.** Garzeit **20 Min.**
Gesamtzeit **30 Min.**

Spinat-Brokkoli-Suppe

1 Öl und Butter in einem Topf erhitzen, Zwiebel und Knoblauch zugeben und 3 Minuten anbraten.

2 Kartoffeln, Brokkoli, Spinat und Brühe zugeben, aufkochen und dann 15 Minuten köcheln lassen.

3 Wenn gewünscht, die Suppe mit dem Pürierstab vollständig verflüssigen. Gorgonzola sowie Zitronensaft zugeben und mit Muskatnuss, Salz und Pfeffer abschmecken. Mit den Pinienkernen garnieren und mit warmem Brot servieren.

2 EL Olivenöl
50 g Butter
1 Zwiebel, gewürfelt
1 Knoblauchzehe, fein gehackt
2 Kartoffeln, gestückelt
250 g Brokkoli, gehackt
300 g frischer Spinat, verlesen, gewaschen und grob zerkleinert
900 ml Geflügel- oder Gemüsebrühe
125 g Gorgonzola, zerbröckelt
Saft von 1/2 Zitrone
1/2 TL geriebene Muskatnuss
etwas Salz und Pfeffer
75 g geröstete Pinienkerne

Vorbereitungszeit **10 Min.** Gesamtzeit **10 Min.**

Melonensuppe mit Parmaschinken

1 reife Cantaloup- oder Charentais-Melone von etwa 1,5 kg
8 Scheiben Parmaschinken
etwas Salz und Pfeffer
Blätter vom roten Basilikum

1 Die Melone halbieren und die Kerne entfernen. Das Melonenfleisch herauslöffeln, in einen Mixer geben und zu einer glatten Masse verarbeiten. Mit Salz und Pfeffer abschmecken.

2 Anschließend 4 der Schinkenscheiben in Quadrate schneiden und in die Suppe rühren. Die restlichen Scheiben in dünne Streifen schneiden.

3 Die Suppe mit den Schinkenstreifen und Basilikumblättern garnieren.

Mit Zimmertemperatur oder leicht gekühlt servieren. Ist die Suppe zu kalt, verliert sich das volle Aroma.

Vorbereitungszeit **10 Min.**
Garzeit **20 Min.**
Gesamtzeit **30 Min.**

Pesto und grüne Gemüsesuppe

Für das Pesto:
3 Knoblauchzehen, fein gehackt
etwa 1 Hand voll Basilikumblätter
2 EL Pinienkerne
50 g frisch geriebener Parmesan
3 EL Olivenöl
Für die Suppe:
3 EL Olivenöl
1 Zwiebel, gehackt
2 Lauchstangen, in Scheiben geschnitten
1 Kartoffel, gestückelt
425 g grüne Bohne aus der Dose, Einwaage
1,5 l Gemüsebrühe
2 Zucchini, gewürfelt
125 g kleine grüne Bohnen, klein geschnitten
125 g Brokkoli-Röschen
250 g Artischockenherzen aus der Dose
1 EL glattblättrige Petersilie, gehackt
etwas Salz und Pfeffer

1 Für das Pesto Knoblauch, Basilikum, Pinienkerne und Parmesan in einen Mixer geben und sorgfältig pürieren. Öl zugeben und alles vermengen. Zur Seite stellen.

2 Für die Suppe das Öl in einem Topf erhitzen, Zwiebel und Lauch zugeben und alles bei schwacher Hitze etwa 3 Minuten braten.

3 Kartoffeln, Gartenbohnen und Brühe zugeben, salzen und pfeffern. Das Ganze aufkochen und 12 Minuten köcheln lassen.

4 Zucchini, Bohnenstücke, Brokkoli und Artischockenherzen hinzufügen und alles 5 Minuten köcheln lassen.

5 Schließlich die gehackte Petersilie und das Pesto zugeben und gut unterrühren. Sofort mit warmem Focaccia-Brot servieren.

Vorbereitungszeit **5 Min.**
Garzeit **25 Min.**
Gesamtzeit **30 Min.**

Zucchinisuppe

Kalt serviert ist diese Suppe im Sommer eine Delikatesse – die Zitrone verleiht ihr einen erfrischenden Geschmack.

2 EL Olivenöl
4 Schalotten, gewürfelt
1 Knoblauchzehe, fein gehackt
6 Zucchini, gewürfelt
2 Kartoffeln, gestückelt
1,2 l Hühnerbrühe
75 g Farfallini oder eine andere kleinformatige Pastasorte
Saft und Schale von einer unbehandelten Zitrone
etwa 1 Hand voll Schnittlauch, gehackt
etwas Salz und Pfeffer

1 Das Öl in einem Topf erhitzen, die Schalotten und den Knoblauch zugeben und alles bei schwacher Hitze etwa 3 Minuten anbraten.

2 Zucchini, Kartoffeln und Brühe zugeben und 15 Minuten köcheln lassen. Alles durch ein Sieb passieren oder die verbliebenen Stücke mit dem Pürierstab zerkleinern.

3 Die Farfallini zugeben und 7 Minuten al dente kochen.

4 Zitronenschale und -saft sowie Schnittlauch einrühren. Mit Salz und Pfeffer abschmecken und sofort servieren.

Vorbereitungszeit **5 Min.** Garzeit **25 Min.** Gesamtzeit **30 Min.**

Butternusskürbis-Suppe

1 Butternusskürbis (etwa 875 g)
50 g Butter
2 EL Olivenöl
2 Zwiebeln, gehackt
1 Knoblauchzehe, fein gehackt
1 l Hühner- oder Gemüsebrühe
1 Prise Safranfäden
etwas Salz und Pfeffer
Für die Beilage:
2 Rosmarinzweige, gehackt
75 g Parmesan, frisch gerieben

1 Den Kürbis halbieren und die Kerne herausschälen. Die Schale entfernen und das Fleisch würfeln.

2 Die Butter mit dem Öl in einem Topf erhitzen, Zwiebeln, Knoblauch und Kürbisfleisch zugeben und alles 5 Minuten anbraten.

3 Brühe und Safran zugeben, aufkochen und 15 Minuten köcheln lassen.

4 Die Suppe in einen Mixer gießen und pürieren. Gut salzen und pfeffern.

5 Die Suppe in vorgewärmte Schalen geben. Jede einzelne mit dem gehackten Rosmarin und einem großzügig bemessenen Esslöffel geriebenen Parmesan bestreuen.

Vorbereitungszeit **5 Min.**
Garzeit **25 Min.**
Gesamtzeit **30 Min.**

Minestrone

Minestrone gewinnt an Geschmack, wenn man sie im Voraus kocht und wieder aufwärmt. Man stellt sie bedeckt in den Kühlschrank, wo sich die Aromen entfalten können.

2 EL Olivenöl
1 Zwiebel, gehackt
1 Knoblauchzehe, fein gehackt
2 Selleriestangen, gehackt
1 Lauchstange, in feine Ringe geschnitten
1 Karotte, gehackt
400 g Tomaten aus der Dose, gehackt
600 ml Hühner- oder Gemüsebrühe
1 Zucchini, gewürfelt
1/2 kleiner Kohlkopf, zerpflückt
1 Lorbeerblatt
75 g grüne Bohnen aus der Dose
75 g Spaghetti, in kleine Stücke gebrochen
1 EL glattblättrige Petersilie, gehackt
etwas Salz und Pfeffer
Für die Beilage:
50 g Parmesan, frisch gerieben
Bruschetta (siehe S. 20)

1 Das Öl in einem Topf erhitzen, Zwiebel, Knoblauch, Sellerie, Lauch und Karotte zugeben und alles 3 Minuten anbraten.

2 Tomaten, Brühe, Zucchini, Kohl, Lorbeerblatt und Bohnen zugeben. Aufkochen und 10 Minuten köcheln lassen.

3 Die Spaghetti zugeben und alles mit Salz und Pfeffer abschmecken. Gut umrühren und weitere 8 Minuten kochen. Rühren, damit die Suppe nicht anbrennt.

4 Unmittelbar vor dem Auftragen die Petersilie einrühren. Die Suppe mit Parmesan und Bruschetta servieren.

Wie bei der Minestrone lohnt es sich auch bei der Toskanischen Bohnensuppe, sie am Vortag zu kochen und aufgewärmt zu servieren. Im Kühlschrank verbinden und entfalten sich die Aromen.

Vorbereitungszeit **5 Min.** Garzeit **25 Min.** Gesamtzeit **30 Min.**

Toskanische Bohnensuppe

2 EL Olivenöl
4 Schalotten, gehackt
2 Knoblauchzehen, fein gehackt
150 g grüner Speck, gewürfelt
1 Karotte, gewürfelt
2 Selleriestangen, gewürfelt
1/2 rote Paprikaschote, entkernt und gewürfelt
425 g Borlotti-Bohnen aus der Dose, Einwaage
1 l Hühnerbrühe
1 Lorbeerblatt
1 TL gehackter Oregano
1 TL gehackter Majoran
etwa 1 Hand voll glattblättrige Petersilie, gehackt
etwas Salz und Pfeffer
etwas Olivenöl, extra vergine

1 Das Öl in einem Topf erhitzen, Schalotten, Knoblauch, Speck, Karotte, Sellerie und Paprika zugeben und bei gelegentlichem Rühren 5 Minuten braten.

2 Bohnen, Brühe, Lorbeerblatt, Oregano und Majoran zugeben, aufkochen und 15 Minuten köcheln lassen. Etwa entstehenden Schaum abschöpfen.

3 Alles gut mit Salz und Pfeffer abschmecken. Ganz zum Schluss die Petersilie über die Suppe streuen.

4 Die Suppe in vorgewärmte Schalen geben und mit etwas Olivenöl beträufeln.

Vorbereitungszeit **10 Min.** Garzeit **10 Min.** Gesamtzeit **20 Min.**

Muschelsuppe

1 Das Olivenöl in einem Topf erwärmen. Zwiebeln, Knoblauch, Speck und Chilischote zugeben und alles 5 Minuten anbraten.

2 Die Muscheln sorgfältig prüfen. Alle, die geöffnet sind oder sich bei Berührung nicht sofort schließen, wegwerfen.

3 Die Muscheln mit dem Wein, den Tomaten und dem Safran in den Topf geben, alles salzen und pfeffern und gut mischen. Gut zugedeckt 5 Minuten köcheln lassen, bis die Muscheln sich geöffnet haben. Muscheln, die sich nicht öffnen, wegwerfen.

4 Die Petersilie zugeben, gut umrühren und sofort servieren.

2 EL Olivenöl
2 Zwiebeln, gehackt
2 Knoblauchzehen, fein gehackt
1 rote Chilischote, entkernt und gehackt
150 g grüner Speck, gehackt
1 kg Muscheln, abgebürstet und entbartet
2 Dosen mit je 400 g gehackten Tomaten
1/2 Flasche trockener Weißwein
1 großzügige Prise Safranfäden
etwa 1 Hand voll glattblättrige Petersilie, gehackt
etwas Salz und Pfeffer

Vorbereitungszeit **5 Min.** Garzeit **5 Min.**
Gesamtzeit **10 Min.**

Bruschetta

8 Scheiben Ciabatta-Brot
2 Knoblauchzehen, geschält
etwa 1 Hand voll glattblättrige Petersilie, gehackt
5 EL Olivenöl
etwas Salz

Bruschetta wird zu vielen italienischen Gerichten als Beilage gereicht – vor allem zu Suppen und Fischgerichten. Sie ist einfach zuzubereiten, zumal das Brot nicht frisch sein muss.

1 Die Brotscheiben im vorgeheizten Grill goldbraun toasten.

2 Den Knoblauch über eine Seite jeder Brotscheibe reiben und ihn so gleichmäßig verteilen. Anschließend die Bruschetta mit Petersilie und Salz bestreuen und mit Olivenöl beträufeln. Möglichst sofort servieren – wenn man die Bruschetta zu lange warm hält, ist sie nicht mehr so knusprig.

Vorbereitungszeit **10 Min.**
Garzeit **5 Min.**
Gesamtzeit **15 Min.**

Crostini

8 Scheiben Ciabatta-Brot
2 Knoblauchzehen, geschält
etwa 1 Hand voll glattblättrige Petersilie, gehackt
5 EL Olivenöl
1–2 rote Paprikaschoten, entkernt und in Streifen geschnitten
75 g schwarze Oliven, entkernt
125 g Ziegenkäse, zerbröckelt
etwas Salz und Pfeffer

1 Die Brotscheiben im vorgeheizten Grill goldbraun toasten.

2 Den Knoblauch über eine Seite jeder Brotscheibe reiben und ihn so gleichmäßig verteilen. Die Brote mit Petersilie und Salz bestreuen und mit Olivenöl beträufeln.

3 Paprikaschoten, Oliven und Käse vermengen und gut mit Pfeffer würzen.

4 Die Mischung gleichmäßig auf die Bruschetta verteilen und die Brotscheiben im vorgeheizten Grill bei schwacher Hitze etwa 2 Minuten grillen, bis der Käse zerläuft. Anschließend die Crostini sofort servieren.

Variation: In Scheiben geschnittene, mit Oregano und Pfeffer bestreute Tomaten sind ebenfalls als Bruschetta-Auflage sehr gut geeignet

Für Crostini – belegte Bruschetta – gibt es zahlreiche Auflagen. Vor allem zu Suppen passen sie hervorragend. Für ein einfaches Abendessen gibt es nichts besseres als eine gute, selbst zubereitete Suppe, Crostini mit dem persönlichen Lieblingsbelag und einen frischen grünen Salat.

Pasta

In Italien sind mehr als 200 verschiedene Pastaformen im Handel. Jede Region hat ihre eigenen Spezialitäten und Arten der Zubereitung. Pasta ist eines der vielseitigsten Nahrungsmittel Italiens – man kann sie backen, füllen oder mit Saucen und Dressings zubereiten.

Vorbereitungszeit **10 Min.** Garzeit **10 Min.** Gesamtzeit **20 Min.**

Linguine mit Gemüse

1 rote Paprika, entkernt und in große Rechtecke geschnitten
1 Zucchini, in Scheiben geschnitten
1 rote Zwiebel, in Ringe geschnitten
1 kleine Aubergine, in dünne Ringe geschnitten
8 Spargelstangen, geputzt
5 EL Olivenöl
300 g Linguine
3 EL gefrorene Petit Pois (junge grüne Erbsen)
125 g Parmesan, frisch gerieben
etwa eine Hand voll Basilikumblätter, grob zerzupft
etwas Salz und Pfeffer

1 Das Gemüse kann gegrillt oder auf einem Backblech gebacken werden. Für Letzteres erhitzt man das Backblech und legt dann die Paprikastücke mit der Außenseite nach unten darauf, bis die Haut Blasen wirft und schwarz wird. Zucchini-, Zwiebel- und Auberginenscheiben sowie Spargelstangen werden auf beiden Seiten je 2 Minuten lang angebacken. Alternativ kann man alle Gemüsesorten im vorgeheizten Grill erhitzen.

2 Für die Pasta in einem großen Topf Wasser erhitzen.

3 Die Paprikastücke enthäuten und in Streifen schneiden. Die Streifen mit Zucchini, Zwiebel, Aubergine und Spargel in eine Schüssel geben, mit Öl beträufeln und im Ofen warm stellen.

4 Die Pasta in das kochende Wasser geben. Frische Teigwaren werden 3-4 Minuten gekocht, getrocknete 8 Minuten, wenn es auf der Packung nicht anders angegeben ist. Die Erbsen in der letzten Minute der Kochzeit mitkochen lassen.

5 Pasta und Erbsen in ein Sieb abgießen und zurück in den Topf geben. Das warme Gemüse zugeben, mit Salz und Pfeffer abschmecken und Parmesan darüber streuen. Alles gut mischen und wenn nötig noch etwas Öl zugießen. Basilikumblätter zugeben und erneut mischen. Sofort servieren.

Vorbereitungszeit **15 Min.** Garzeit **15 Min.**
Gesamtzeit **30 Min.**

Pasta primavera

2 EL Olivenöl
1 Knoblauchzehe, fein gehackt
2 Schalotten, gehackt
125 g frische Erbsen, geschält
125 g Saubohnen, geschält und die grauen Häutchen entfernt
125 g Spargel, geputzt und längs in Streifen geschnitten
125 g Spinat, gewaschen und gehackt
300 g Tagliatelle
150 ml Sahne
75 g Parmesan, frisch gerieben
etwa 1 Hand voll Minzeblätter, gehackt
etwas Salz und Pfeffer

1 Für die Tagliatelle in einem großen Topf Wasser erhitzen.

2 Das Öl in einem Topf erhitzen und darin Knoblauch und Schalotten 3 Minuten anbraten. Erbsen, Saubohnen, Spargel und Spinat zugeben. Gut umrühren und 2 Minuten braten.

3 Die Tagliatelle in das kochende Wasser geben. Frische Pasta wird 3 Minuten gekocht, getrocknete 7 Minuten, wenn auf der Packung nichts anderes angegeben ist. Die Pasta während des Kochens gelegentlich umrühren.

4 Die Sahne zum Gemüse geben, gut vermengen und alles 3 Minuten köcheln lassen.

5 Die Tagliatelle sorgfältig abgießen und dann zu der Gemüsesauce geben. Kräftig mit Salz und Pfeffer würzen, Parmesan und Minze zugeben und das Ganze sorgfältig mit 2 Löffeln mischen. Sofort servieren.

Für dieses Gericht wird das Gemüse zunächst auf einem heißen Backblech oder im Grill gegart – dadurch entfalten sich die Aromen vollständig.

Vorbereitungszeit **5 Min.** Garzeit **10 Min.**
Gesamtzeit **15 Min.**

Safranschleifen

300 g Farfalle
25 g Butter
150 g Sahne
1/2 TL Safranfäden
etwas Salz und Pfeffer
75 g Parmesan, frisch gerieben

1 Für die Pasta in einem großen Topf Wasser zum Kochen bringen. Die Pasta in das kochende Wasser geben und gut umrühren. Frische Farfalle 3 Minuten kochen, getrocknete 6 Minuten, wenn auf der Packung nichts anderes angegeben ist.

2 In einem kleinen Topf Butter und Sahne erhitzen, die Safranfäden zugeben und alles langsam zum Köcheln bringen – der Safran wird die Sauce schlagartig gelb färben und sein fantastischer feiner Duft wird die Küche erfüllen.

3 Die Pasta abgießen und abtropfen lassen, in eine vorgewärmte Schüssel geben und die Safransauce darüber gießen. Mit Salz und Pfeffer abschmecken und gut mischen.

4 Den Parmesan erst bei Tisch reichen und jede Portion nur mit ein wenig davon bestreuen.

Safranfäden sind getrocknete Staubgefäße einer Krokusart. Safran ist teuer, doch man braucht nur wenig, um ein Gericht völlig zu verwandeln.

Vorbereitungszeit **10 Min.**
Garzeit **20 Min.**
Gesamtzeit **30 Min.**

Penne mit Tomaten und Chili

3 EL Olivenöl
1 Zwiebel, gehackt
2 Knoblauchzehen, fein gehackt
2 Prisen getrocknete Chilischoten, zerstoßen
300 g Penne
10 Kirschtomaten
1 TL Zucker
1 TL Essig
etwa 1 Hand voll glattblättrige Petersilie, gehackt
etwas Olivenöl, extra vergine (nach Belieben)
etwas Salz und Pfeffer
75 g Parmesan, frisch gerieben

1 Das Öl in einem Topf erhitzen, Zwiebeln und Knoblauch zugeben und glasig braten – nicht braun werden lassen. Den Chili zugeben.

2 Für die Penne in einem großen Topf Wasser zum Kochen bringen. Die Penne in das kochende Wasser geben. Frische Penne 6 Minuten, getrocknete 10 Minuten bzw. nach Packungsangabe kochen.

3 Die Tomaten am Stengelansatz einritzen und in einer Schüssel mit kochendem Wasser übergießen, bis sie bedeckt sind. 1–2 Minuten stehen lassen, abgießen und dann die Tomaten enthäuten. Die Tomaten vierteln, die Kerne entfernen und die Stücke längs in Streifen schneiden.

4 Die Tomaten zur Zwiebelmischung geben. Bei schwacher Hitze Zucker, Essig, Salz und Pfeffer zugeben. Alles vorsichtig mischen und leicht köcheln lassen, bis die Pasta bissfest gegart ist.

5 Die Pasta abgießen und gut abtropfen lassen. Die Petersilie in die Tomatensauce rühren. Die Sauce über die Pasta geben, gut mischen und evtl. einen Spritzer Olivenöl zugeben. Servieren und dazu in einer Schale den geriebenen Parmesan reichen.

Vorbereitungszeit **5 Min.** Garzeit **15 Min.** Gesamtzeit **20 Min.**

Fusilli mit Pinienkernen

300 g Fusilli
125 g Pinienkerne
75 g Butter
2 EL Olivenöl
75 g Parmesan, frisch gerieben
etwa 1 Hand voll Basilikumblätter
etwas Salz und Pfeffer

1 Für die Pasta in einem Topf Wasser zum Kochen bringen. Frische Fusilli im sprudelnd kochenden Wasser 3–4 Minuten, getrocknete 7 Minuten bzw. nach Packungsanleitung bissfest kochen. Vor dem Abgießen den Garzustand prüfen.

2 Die Pinienkerne im Grill oder in einem Topf bei schwacher Hitze rösten. Die Kerne dabei ständig bewegen, damit sie gleichmäßig bräunen.

3 Die Butter mit dem Öl in einem kleinen Topf zerlassen. Die Pasta abgießen, die Butter darüber geben, salzen und pfeffern. Alles gut mischen.

4 Die Pasta in eine vorgewärmte Servierschale geben, mit Pinienkernen, Parmesan und Basilikumblättern bestreuen und sofort servieren.

Vorbereitungszeit **10 Min.**
Garzeit **15 Min.**
Gesamtzeit **25 Min.**

Pappardelle mit Oliven und Kapern

125 g schwarze oder grüne Oliven, entsteint
2 Prisen getrocknete Chilischoten, zerstoßen
2 EL Kapern, gehackt
2 Sardellenfilets, abgetropft und klein geschnitten
4 große Stücke getrocknete Tomaten, in Olivenöl eingelegt
300 g Pappardelle
etwa 1 Hand voll Petersilie, gehackt
75 g Parmesan, frisch gerieben
etwas Salz und Pfeffer

1 In einem großen Topf für die Pappardelle Wasser erhitzen.

2 Die Oliven grob zerkleinern und mit den Chilischoten, den Kapern und den Sardellen in einen Topf geben. Die getrockneten Tomaten grob zerkleinern und mit 4 EL des Olivenöls in den Topf geben.

3 Die Pasta in das kochende Wasser geben. Frische Pappardelle 4 Minuten, getrocknete 7 Minuten bzw. nach Packungsanleitung bissfest kochen. Vor dem Abgießen probieren.

4 Die Olivenmischung vorsichtig erwärmen – nicht durchkochen!

5 Die Pasta abgießen, Olivenmischung, Petersilie und Parmesan zugeben. Mit Salz und Pfeffer abschmecken. Dann mit zwei Löffeln gut mischen und servieren. Dieses Gericht kann man auch etwas stehen lassen und mit Raumtemperatur servieren.

Vorbereitungszeit **5 Min.**
Garzeit **10 Min.**
Gesamtzeit **15 Min.**

Spinattortellini mit Schimmelkäsesauce

500 g Tortellini
300 g Gorgonzola oder Dolcelatte
75 g Butter
150 g Sahne
etwas Pfeffer

1 Für die Tortellini in einem großen Topf Wasser zum Kochen bringen. Im kochenden Wasser frische Pasta 5 Minuten, getrocknete Pasta 8–9 Minuten bzw. nach Packungsanleitung bissfest kochen.

2 Den Käse in einen kleinen Topf zerbröckeln, Butter und Sahne zugeben und bei schwacher Hitze erwärmen, bis der Käse zerläuft.

3 Die Pasta abgießen und gut abtropfen lassen, die warme Käsesauce darüber gießen, gut mischen und sofort servieren. Diese köstliche Speise ist sehr nahrhaft – ein knackiger Salat mit leichtem Dressing eignet sich als Beilage.

Vorbereitungszeit **10 Min.** Garzeit **10 Min.** Gesamtzeit **20 Min.**

Orzo mit Basilikum und Zitrone

1 Für die Pasta in einem großen Topf Wasser erhitzen.

2 Knoblauch, Basilikum, Olivenöl sowie Zitronenschale und -saft mit einem Mörser oder in einem Mixer zu einer weichen Paste verarbeiten.

3 Die Orzo bzw. die Muschelnudeln in das kochende Wasser geben und 6–8 Minuten bzw. gemäß Packungsanleitung bissfest kochen.

4 Den Parmesan zu der Basilikumpaste geben, gut vermengen. Mit Salz und Pfeffer abschmecken.

5 Die Orzo abgießen, gut abtropfen lassen. Den Pesto zugeben und alles gut vermischen, sodass die Sauce gleichmäßig verteilt ist. Sofort servieren.

2 Knoblauchzehen, fein gehackt
etwa 1 Hand voll Basilikumblätter
5 EL Olivenöl
Schale und Saft von 2 unbehandelten Zitronen
300 g Orzo, getrocknet, oder möglichst kleine Muschelnudeln
150 g Parmesan, frisch gerieben
etwas Salz und Pfeffer

Vorbereitungszeit **10 Min.** Garzeit **18 Min.** Gesamtzeit **28 Min.**

Penne mit Saubohnen, Spargel und Minze

500 g Spargel, vorbereitet und in 5 cm lange Stücke geschnitten
4 EL Olivenöl
250 g Saubohnen oder Erbsen
300 g Penne
75 g Sahne
75 g Parmesan, frisch gerieben
4 EL Minze, gehackt
etwas Salz und Pfeffer

1 Für die Pasta in einem großen Topf Wasser erhitzen.

2 Den Spargel auf einem Stück Backpapier großzügig mit Olivenöl bestreichen, salzen und pfeffern. Die Stücke im vorgeheizten Grill insgesamt 8 Minuten grillen. Wenden, sobald sie braun werden.

3 Inzwischen die Saubohnen oder Erbsen in leicht gesalzenem kochendem Wasser 2 Minuten garen.

4 Die Pasta in das kochende Wasser geben. Frische Penne 6 Minuten, getrocknete 10 Minuten bzw. gemäß Packungsanleitung bissfest kochen.

5 Die Sahne in den leeren Pastatopf auf dem Herd geben, die Saubohnen bzw. Erbsen, den gegrillten Spargel sowie den Parmesan zugeben und alles mit Salz und Pfeffer abschmecken. Die Pasta wieder in den Topf füllen, die Minze zugeben und alles mit 2 Holzlöffeln gut mischen. Sofort servieren.

Wegen des erfrischenden Charakters von Zitronen und Basilikum eignet sich dieses Gericht gut für den Sommer. Wenn Orzo nicht erhältlich ist, kann man auch eine andere Pasta nehmen.

Vorbereitungszeit **10 Min.** Garzeit **20 Min.** Gesamtzeit **30 Min.**

Lasagne mit Champignons und Mozzarella

2 EL Olivenöl
50 g Butter
2 Zwiebeln, gehackt
2 Knoblauchzehen, fein gehackt
500 g Champignons, in Streifen geschnitten
4 EL Sahne
4 EL trockener Weißwein
1 TL Thymian, gehackt
8 Blätter frische Lasagne
2 rote Paprika, entkernt, enthäutet und in dicke Streifen geschnitten
125 g Büffelmozzarella, in Scheiben geschnitten
125 g junger Spinat, verlesen und gewaschen
50 g Parmesanflocken
etwas Salz und Pfeffer

1 Öl und Butter in einem Topf erhitzen, Zwiebeln zugeben und 3 Minuten schwenken. Knoblauch zugeben und 1 Minute schwenken.

2 Die Champignons zugeben, die Hitzezufuhr erhöhen und alles 5 Minuten köcheln lassen.

3 Sahne, Weißwein und Thymian zugeben, alles salzen und pfeffern und 4 Minuten köcheln lassen.

4 In einem Topf Wasser aufkochen, die Lasagne – mehrere Scheiben gleichzeitig – hinein geben und darauf achten, dass sie nicht zusammenkleben. Frische Lasagne 3 Minuten, getrocknete 7 Minuten kochen. Die Lasagne aus dem Topf nehmen und 4 Scheiben separat liegend in eine gut eingeölte große ofenfeste Form geben.

5 Auf jede Lasagnescheibe 1 EL Pilzmischung geben und darauf die Paprika sowie die Hälfte des Spinats verteilen. Die restlichen Lasagnescheiben darauf legen. Den restlichen Spinat, den Mozzarella und die Pilzmischung darüber verteilen. Parmesanflocken darauf geben. Die Portionen im vorgeheizten, sehr heißen Grill 5 Minuten grillen, bis die Pilzmischung Blasen wirft und der Parmesan goldbraun ist.

Vorbereitungszeit **10 Min.** Garzeit **10 Min.** Gesamtzeit **20 Min.**

Tagliatelle mit frischen Trüffeln

Trüffeln erhält man während der Saison im Herbst und im frühen Winter in Delikatessengeschäften. Sie sind sehr teuer – aber ihr Geld wert. Geld für Trüffeln aus der Dose oder dem Glas spart man besser – ihr Aroma hat mit dem frischer Trüffeln nichts gemein.

300 g getrocknete Tagliatelle
125 g Trüffeln
125 g Butter
½ EL Trüffelöl
etwa 1 Hand voll glattblättrige Petersilie, gehackt
75 g Parmesan, frisch gerieben
etwas Salz und Pfeffer

1 Für die Tagliatelle in einem großen Topf Wasser aufkochen lassen. Die Pasta in dem kochenden Wasser 8 Minuten bzw. nach Packungsanleitung kochen. Ab und zu umrühren.

2 Während die Pasta kocht, die Trüffeln mit einer sauberen, trockenen weichen Bürste säubern und mit einem Hobel in feine Scheiben schneiden.

3 Die Pasta abgießen, Butter, Trüffelöl, Petersilie und Parmesan zugeben. Alles mit Salz und Pfeffer abschmecken und gut vermischen.

4 Die Hälfte der Trüffelscheiben zur Pasta geben und erneut mischen. Die Tagliatelle mit den restlichen Trüffeln garniert servieren.

Dieses Gericht kann man – abgesehen vom abschließenden Bräunen des Parmesans – vorab zubereiten. Man erhitzt es im Backofen bei mittlerer Hitze etwa 20 Minuten lang, dann grillt man es, bis der Käse goldbraun ist.

Vorbereitungszeit **10 Min.** Garzeit **20 Min.** Gesamtzeit **30 Min.**

Spaghetti Vongole mit Petersilie

1,5 kg Venusmuscheln (vongole)
4 EL Olivenöl
2 Knoblauchzehen, fein gehackt
125 ml trockener Weißwein
75 g Sahne
500 g Spaghetti
etwa 1 Hand voll glattblättrige Petersilie, gehackt
etwas Salz und Pfeffer
etwas Parmesan, frisch gerieben

1 Zum Waschen die Muscheln in ein Sieb geben, das man in eine mit kaltem Wasser gefüllte Schüssel hängt, sodass die Muscheln bedeckt sind. Kräftig schütteln, das Sieb herausnehmen und das Wasser erneuern. Den Vorgang wiederholen, bis die Muscheln sauber sind. Gut abtropfen lassen. Die Muscheln prüfen; alle beschädigten oder geöffneten wegwerfen.

2 Das Öl bei schwacher Hitze in einem großen Topf erhitzen, Knoblauch und Muscheln zugeben, bedecken und etwa 3 Minuten erhitzen, bis sich die Muscheln geöffnet haben. Muscheln, die sich nicht öffnen, wegwerfen.

3 Die Muscheln mit einem Seihlöffel aus dem Topf heben. Die Hälfte der Muscheln schälen – Flüssigkeit dabei in den Topf ablaufen lassen. Die Muscheln beiseite stellen.

4 Wein und Sahne zugeben. Die Hitze erhöhen, um die Sauce einkochen zu lassen.

5 Inzwischen in einem großen Topf Wasser aufkochen lassen. Frische Spaghetti darin 3–4 Minuten, getrocknete 8 Minuten oder nach Packungsanleitung al dente kochen.

6 Die Muscheln in die Sauce geben, gut umrühren und 2 Minuten köcheln lassen. Petersilie und Spaghetti zugeben, mit Salz und Pfeffer abschmecken und alles mit 2 Löffeln gut mischen.

7 Sofort mit frisch geriebenem Parmesan servieren.

Vorbereitungszeit **5 Min.** Garzeit **15 Min.** Gesamtzeit **20 Min.**

Tagliatelle mit Krebssauce

2 EL Olivenöl
2 Schalotten, gehackt
200 g Krebsfleisch
1–2 Prisen getrocknete Chilischoten, zerstoßen
geriebene Schale und Saft von 1 Zitrone
300 g Tagliatelle
4 EL Sahne
etwa 1 Hand voll Schnittlauch, zerkleinert
etwas Salz und Pfeffer
75 g Parmesan, frisch gerieben

1 Das Olivenöl in einem Topf erhitzen, die Schalotten zugeben und glasig, aber nicht braun, braten.

2 Krebsfleisch, Chili, Zitronenschale und -saft zugeben und alles mit Salz und Pfeffer würzen.

3 In einem Topf Wasser für die Tagliatelle erhitzen. Wenn es kocht, die Tagliatelle hineingeben; frische 3–4 Minuten, getrocknete 6 Minuten oder nach Packungsanleitung al dente kochen.

4 Die Sahne zur Krebsfleischmischung geben und alles aufkochen lassen.

5 Die Tagliatelle gut abtropfen lassen. Schnittlauch zur Krebssauce geben.

6 Die Sauce zu den Tagliatelle geben. Alles gut vermengen und mit einem Schälchen frisch geriebenen Parmesans servieren.

Vorbereitungszeit **10 Min.** Garzeit **10 Min.** Gesamtzeit **20 Min.**

Spaghetti mit Hummer

1 Hummer (1 kg), längs halbiert
4 EL Olivenöl
2 Schalotten, gehackt
8 Kirschtomaten, enthäutet, entkernt und gehackt
Saft von 1 Zitrone
300 g Spaghetti
etwa 1 Hand voll Schnittlauch, gehackt
etwas Salz und Pfeffer

1 In einem großen Topf Wasser für die Spaghetti erhitzen.

2 Das Hummerfleisch vom Panzer lösen und in Stücke schneiden.

3 Das Öl in einem Topf erhitzen, die Schalotten zugeben und 3 Minuten glasig braten. Tomaten und Zitronensaft zugeben, alles mit Salz und Pfeffer würzen und weitere 3 Minuten köcheln lassen.

4 Die Spaghetti in das kochende Wasser geben, umrühren und frische Pasta 3–4 Minuten, getrocknete 8 Minuten oder nach Packungsanweisung bissfest kochen.

5 Das Hummerfleisch in die Tomatensauce rühren und bei schwacher Hitze weitere 4 Minuten köcheln lassen.

6 Die Pasta abgießen und gut abtropfen lassen. Die Sauce mit dem Schnittlauch zugeben. Alles mit 2 Holzlöffeln mischen und sofort servieren.

Dieses Gericht ist eine exzellente Mittagsmahlzeit – der Hummer verleiht ihr eine exquisite Qualität.

Vorbereitungszeit **10 Min.** Garzeit **15 Min.**
Gesamtzeit **25 Min.**

Pappardelle mit Schinken und Porcini

Für dieses Rezept kann man frische oder getrocknete Porcini (125 g) verwenden. Getrocknete Porcini zunächst 15 Minuten in heißem Wasser einweichen.

2 EL Olivenöl
1 Knoblauchzehe, fein gehackt
250 g Porcini (italienische Steinpilze), in Scheiben geschnitten
250 g Schinken
300 g Pappardelle
150 g Sahne
etwa 1 Hand voll glattblättrige Petersilie, gehackt
75 g Parmesan, frisch gerieben
etwas Salz und Pfeffer

1 In einem großen Topf Wasser für die Pappardelle erhitzen.

2 Das Olivenöl in einem Topf erhitzen, Knoblauch und Porcini zugeben und bei mittlerer Hitze 4 Minuten anbraten.

3 Den Schinken in Streifen schneiden. Darauf achten, dass die Streifen nicht aneinander kleben.

4 Die Pappardelle in das kochende Wasser geben. Frische Pasta 4 Minuten, getrocknete 9 Minuten oder nach Packungsanleitung bissfest kochen.

5 Schinken, Sahne und Petersilie zu den Porcini geben und mit Salz und Pfeffer würzen. Alles aufkochen und 1 Minute köcheln lassen.

6 Die Pappardelle zur Sauce geben und alles mit 2 Löffeln gleichmäßig mischen. Mit Parmesan bestreuen, erneut mischen und sofort servieren.

Vorbereitungszeit **10 Min.**
Garzeit **15 Min.**
Gesamtzeit **25 Min.**

Spaghetti Carbonara

Wenn man Spaghetti Carbonara typisch italienisch servieren will, legt man in die Mitte eines jeden Tellers ein Eigelb in seiner Schale. Jeder Tischgenosse vermengt es selbst mit den Spaghetti.

1 Das Öl in einem Topf erhitzen, den Schinken zugeben und alles 3 Minuten bei schwacher Hitze anbraten. Den Knoblauch zugeben und 1 weitere Minute braten.

2 In einem großen Topf Wasser für die Spaghetti erhitzen. Wenn es kocht, die Spaghetti hineingeben. Frische Pasta 3–4 Minuten, getrocknete 8 Minuten oder nach Packungsanleitung bissfest kochen. Sobald sie gar ist, abgießen und die Spaghetti wieder in den Topf geben.

3 Die Sahne mit den Eigelben verschlagen, zum Schinken geben und bei schwacher Hitze gut vermengen.

4 Sauce und Parmesan über die Spaghetti geben, salzen und pfeffern und alles mit 2 Löffeln gut mischen. Sofort servieren.

1 EL Olivenöl
125 g Räucherschinken ohne Fettrand, in Streifen geschnitten
1 Knoblauchzehe, fein gehackt
300 g Spaghetti
4 EL Sahne
3 frische Eigelbe
75 g Parmesan, frisch gerieben
etwas Salz und Pfeffer

Vorbereitungszeit **10 Min.** Garzeit **10 Min.** Gesamtzeit **20 Min.**

Penne mit Hühnerleber

1 gelbe Paprika, halbiert und entkernt
300 g Penne
2 EL Olivenöl
50 g Butter
1 rote Zwiebel, in Ringe geschnitten
250 g Hühnerleber, kochfertig
1 Zweig Rosmarin, gehackt
etwas Salz und Pfeffer
75 g Parmesan, frisch gerieben

1 Für die Pasta in einem großen Topf Wasser erhitzen.

2 Die Paprika etwa 5 Minuten im Grill rösten, bis die Haut Blasen wirft und schwarz wird. Abkühlen lassen und die Haut abziehen. Die Hälften in lange Streifen schneiden.

3 Die Pasta in das kochende Wasser geben. Frische Pasta 4 Minuten, getrocknete 8 Minuten oder nach Packungsanleitung bissfest kochen.

4 Das Öl mit der Butter in einer großen Pfanne erhitzen. Zwiebel und Hühnerleber zugeben und bei großer Hitze rundum braun braten. Rosmarin zugeben und alles salzen und pfeffern. Die Leber nicht zu lange braten – sie wird sonst trocken und zäh. Am besten ist Hühnerleber, wenn sie in der Mitte rosafarben ist.

5 Die Hühnerlebersauce gut mit der Pasta vermengen. Sofort servieren, dazu in einer Schale den Parmesan reichen.

Vorbereitungszeit **15 Min.** Garzeit **15 Min.**
Backofentemperatur **200 °C (Gas Stufe 3)**
Gesamtzeit **30 Min.**

Gebackene Pasta mit Spinat und Schinken

2 EL Olivenöl
1 Zwiebel, gehackt
1 Knoblauchzehe, fein gehackt
750 g frischer Spinat, verlesen, gewaschen und gehackt
1 Prise geriebene Muskatnuss
8 Blätter frische Lasagne
250 g Schinken, in große Stücke geschnitten
125 g Büffelmozzarella, in dünne Scheiben geschnitten
125 g Fontina, gerieben
etwas Salz und Pfeffer

1 Das Olivenöl in einem Topf erhitzen, die Zwiebel mit dem Knoblauch darin 3 Minuten glasig braten.

2 Den Spinat zugeben und gut vermischen. 2 Minuten bei mittlerer Hitze dünsten, sodass der Spinat gerade beginnt zusammenzufallen. Nach Belieben Muskatnuss zugeben, salzen und pfeffern.

3 Ein flaches Backgeschirr leicht einölen. Eine Lage Lasagne hineinlegen, darauf eine Lage Spinat, dann Schinken und eine Lage Mozzarella. Dies wiederholen, bis diese Zutaten aufgebraucht sind. Zuletzt wieder Lasagne darauf legen. Den Fontina darüber geben.

4 Das Backgeschirr auf der oberen Schiene im vorgeheizten Ofen bei 200°C (Gas Stufe 3) 15 Minuten backen, bis das Gericht goldbraun ist.

Vorbereitungszeit **5 Min.** Garzeit **20 Min.**
Gesamtzeit **25 Min.**

Orecchiette mit würziger Tomaten-Pancetta-Sauce

2 EL Olivenöl
1 Zwiebel, gehackt
2 Knoblauchzehen, fein gehackt
125 g Pancetta, gehackt
400 g Tomaten aus der Dose, gehackt
1/2–1 TL zerstoßene getrocknete Chilischoten
125 ml Rotwein
300 g Orecchiette
etwa 1 Hand voll glattblättrige Petersilie, gehackt
etwa 1 Hand voll Basilikum, gehackt
etwas Salz und Pfeffer
75 g Parmesanflocken

1 Das Olivenöl in einem Topf erhitzen, Zwiebel, Knoblauch und Pancetta zufügen und 5 Minuten glasig braten.

2 Die Tomaten, die Chilischoten und den Rotwein zugeben und 15 Minuten köcheln lassen, bis die Sauce eingedickt ist.

3 In einem großen Topf Wasser für die Orecchiette erhitzen.

4 Wenn das Wasser kocht, die Pasta hineingeben. Gut umrühren und frische Pasta 3 Minuten, getrocknete 6 Minuten oder nach Packungsanleitung bissfest kochen. Gut abtropfen lassen.

5 Petersilie, Basilikum sowie Salz und Pfeffer in die Sauce rühren. Zur Pasta geben und gut vermischen. Mit einigen Parmesanflocken garnieren. Servieren und dazu in einer zusätzlichen Schale den restlichen Parmesan reichen.

Weil für dieses Gericht frische Lasagne verwendet wird und es zudem locker geschichtet ist, wird es sehr viel schneller fertig als klassische Lasagne.

Risotto

Traditionell wird Risotto in kleinen Portionen auf großen Suppentellern mit breiten Rändern angerichtet und mit geriebenem Parmesan oder Pecorino bestreut. Es gibt einfache Rezepte, bei denen nur frische Kräuter hinzugefügt werden, ebenso wie Varianten mit Meeresfrüchten, Fleisch oder Gemüse. Grundsätzlich wird für Risotto Arborio- oder Canaroli-Reis verwendet.

Vorbereitungszeit **10 Min.** Garzeit **20 Min.** Gesamtzeit **30 Min.**

Risotto mit grünem Gemüse

1 l Hühner- oder Gemüsebrühe
125 g Butter
1 EL Olivenöl
1 Knoblauchzehe, fein gehackt
1 Zwiebel, fein gewürfelt
300 g Arborio- oder Carnaroli-Reis
125 g grüne Bohnen, geputzt und in 2,5 cm lange Stücke geschnitten
125 g Erbsen, enthülst
125 g Saubohnen, enthülst und enthäutet
125 g Spargel, geputzt und in 2,5 cm lange Stücke geschnitten
125 g junger Spinat, gewaschen und gehackt
75 ml trockener Wermut oder Weißwein
2 EL Petersilie, gehackt
125 g Parmesan, frisch gerieben
etwas Salz und Pfeffer

1 Die Hühner- oder Gemüsebrühe in einen Topf geben, erhitzen und leicht köcheln lassen.

2 50 g Butter mit dem Öl in einem Topf erhitzen, Knoblauch und Zwiebel zufügen und 5 Minuten glasig braten.

3 Den Reis zufügen und gut verrühren, damit alle Körner mit Fett überzogen sind. So viel Brühe zugeben, dass der Reis gerade bedeckt ist. Verrühren und leicht köcheln lassen, dabei möglichst oft umrühren.

4 Hat der Reis die Flüssigkeit fast ganz aufgenommen, mehr Brühe nachgießen. Nach und nach die restliche Brühe zufügen, dabei umrühren und den Reis leicht köcheln lassen, bis die Brühe aufgesaugt ist. Mit der letzten Brühe Gemüse und Wermut bzw. Weißwein zugeben, gut vermischen und 2 Minuten kochen.

5 Den Topf vom Herd nehmen, mit Salz und Pfeffer würzen und die restliche Butter, Petersilie und Parmesan zugeben. Gut mischen und sofort servieren.

Vorbereitungszeit **5 Min.** Garzeit **20 Min.** Gesamtzeit **25 Min.**

Risotto auf Mailänder Art

1 l Hühnerbrühe
75 g Butter
1 EL Olivenöl
2 Zwiebeln, fein gewürfelt
425 g Arborio- oder Carnaroli-Reis
1/2 TL Safranfäden
125 ml trockener Wermut oder trockener Weißwein
125 g Parmesan, frisch gerieben
etwas Salz und Pfeffer

1 Die Brühe in einen Topf geben, erhitzen und leicht köcheln lassen.

2 Etwa 50 g Butter und das Olivenöl in einem großen Topf erhitzen, die Zwiebeln zufügen und 5 Minuten glasig braten.

3 Den Reis zu den Zwiebeln geben und gut verrühren, damit er mit Fett überzogen ist; so viel Brühe zufügen, dass der Reis gerade bedeckt ist. Gut verrühren. Leicht köcheln lassen, möglichst oft umrühren.

4 Wenn der Reis die Flüssigkeit fast aufgenommen hat, mehr Brühe nachgießen, Safran zufügen und gut verrühren. Nach und nach die Brühe zugeben und rühren, bis die Flüssigkeit ganz aufgesaugt ist.

5 Abschließend Wermut oder Weißwein, Parmesan und die restliche Butter in kleinen Flöckchen zufügen und mit Salz und Pfeffer würzen. Gut verrühren und sofort servieren.

Für dieses Rezept können frische oder getrocknete Pilze verwendet werden. Bei getrockneten Pilzen reichen 125 g, die 15 Minuten in heißem Wasser eingeweicht werden. Die überschüssige Flüssigkeit nimmt man dann für die Brühe.

Vorbereitungszeit **5 Min.** Garzeit **20 Min.** Gesamtzeit **25 Min.**

Risotto mit Waldpilzen und Salbei

1 l Gemüsebrühe
125 g Butter
1 EL Olivenöl
1 Knoblauchzehe, fein gehackt
1 Zwiebel, fein gewürfelt
250 g Waldpilze, z. B. Morcheln, Porcini (italienische Steinpilze) oder Pfifferlinge , halbiert oder geviertelt
300 g Arborio- oder Carnaroli-Reis
75 ml trockener Weißwein
1 EL gehackter Salbei
etwas Salz und Pfeffer
Trüffelöl (nach Belieben)
125 g Parmesan, frisch gerieben

1 Die Brühe in einen Topf geben und leicht köcheln lassen.

2 Die Hälfte der Butter mit dem Öl in einem Topf erhitzen, Knoblauch und Zwiebel zufügen und 3 Minuten glasig braten; nicht bräunen.

3 Die Pilze zufügen und weitere 2 Minuten braten.

4 Den Reis zufügen und gut verrühren, damit jedes Korn mit Butter und Öl überzogen ist.

5 So viel Brühe zugeben, dass der Reis gerade bedeckt ist, gut umrühren und leicht köcheln lassen; während der gesamten Garzeit möglichst oft umrühren. Wenn die Flüssigkeit verdunstet ist, nach und nach Brühe zugeben, sodass der Reis immer gerade bedeckt ist, und gut umrühren.

6 Zum Schluss den Weißwein, die restliche Butter, den Salbei sowie Salz und Pfeffer zum Reis geben und gut verrühren. Servieren und dazu in einer Schale den Parmesan sowie das Trüffelöl zum Beträufeln reichen.

Vorbereitungszeit **5 Min.** Garzeit **20 Min.**
Gesamtzeit **25 Min.**

Rotweinrisotto

600 ml Hühnerbrühe
450 ml Valpolicella oder anderer Rotwein
1 EL Olivenöl
125 g Butter
2 Knoblauchzehen, fein gehackt
2 rote Zwiebeln, gehackt
300 g Arborio- oder Carnaroli-Reis
250 g Champignons, in Scheiben geschnitten
175 g Parmesan, frisch gerieben
etwas Salz und Pfeffer

1 Die Brühe und den Rotwein in einem großen Topf erhitzen, bis sie leicht köcheln.

2 Das Olivenöl und 50 g Butter in einem Topf erhitzen, den Knoblauch und die Zwiebeln zugeben und 5 Minuten glasig braten; nicht bräunen.

3 Den Reis zufügen und gut verrühren, damit die Körner mit Butter und Öl überzogen sind. Gerade so viel von der heißen Brühe zugeben, dass der Reis damit bedeckt ist, gut umrühren und leicht köcheln. Während der gesamten Garzeit möglichst oft umrühren. Wenn die Flüssigkeit aufgenommen ist, nach und nach weitere Brühe zufügen, gut umrühren.

4 Wenn die Hälfte der Brühe untergerührt ist, die Pilze zufügen und mit Salz und Pfeffer würzen. Der Reis sollte die Farbe des Weins, ein sattes Dunkelrot, angenommen haben.

5 Wenn die Brühe ganz zugefügt ist und der Reis gar und äußerlich cremig ist, den Großteil des Parmesans sowie die restliche Butter zugeben und gut verrühren. Mit etwas geriebenem Parmesan bestreuen.

Vorbereitungszeit **5 Min.** Garzeit **25 Min.**
Backofentemperatur **220 °C (Gas Stufe 4)** Gesamtzeit **30 Min.**

Butternusskürbis-Risotto

1 Butternusskürbis (etwa 1 kg)
3 EL Olivenöl
1 l Hühner- oder Gemüsebrühe
125 g Butter
1 Knoblauchzehe, fein gehackt
1 Zwiebel, fein gewürfelt
300 g Arborio- oder Carnaroli-Reis
150 g Parmesan, frisch gerieben
etwas Salz und Pfeffer
etwas Kürbiskernöl

1 Stiel und Blütenansatz des Kürbisses entfernen, quer in der Mitte teilen. Die erste Hälfte so schälen, dass kaum Fleisch verloren geht. Längs halbieren, Kerne entfernen und das Fleisch in 5 cm große Würfel schneiden. Die zweite Hälfte ebenso behandeln. Die Fruchtstücke auf ein Backblech geben, mit 2 EL Öl beträufeln, salzen und pfeffern. Gut durchmischen und im vorgeheizten Ofen auf der oberen Schiene bei 220 °C (Gas Stufe 4) 15 Minuten backen. Der Kürbis soll weich und leicht braun werden.

2 Inzwischen die Brühe in einem Topf erhitzen und leicht köcheln lassen.

3 Das restliche Olivenöl und 50 g Butter in einem Topf erhitzen, den Knoblauch und die Zwiebel zufügen und 5 Minuten glasig braten; nicht bräunen.

4 Den Reis zufügen und gut verrühren, damit die Körner mit Butter und Öl überzogen sind, dann so viel Brühe zugeben, dass der Reis damit bedeckt ist. Gut umrühren und leicht köcheln lassen. Während der gesamten Garzeit möglichst oft umrühren. Wenn die Flüssigkeit aufgenommen ist, nach und nach weitere Brühe zufügen und gut umrühren.

5 Die Kürbisstücke aus dem Ofen nehmen und mit dem Parmesan und der restlichen Butter zum Risotto geben, mit Salz und Pfeffer würzen und vorsichtig verrühren.

6 Den Risotto auf vorgewärmten Tellern anrichten, jede Portion mit etwas Kürbiskernöl beträufeln und servieren.

Vorbereitungszeit **5 Min.** Garzeit **20 Min.** Gesamtzeit **25 Min.**

Risotto mit grünen Kräutern

1 l Hühner- oder Gemüsebrühe
125 g Butter
2 EL Olivenöl
1 Zwiebel, fein gehackt
1 Knoblauchzehe, fein gehackt
300 g Arborio- oder Carnaroli-Reis
etwa 1 Hand voll Petersilie, gehackt
etwa 1 Hand voll Basilikum, gehackt
etwa 1 Hand voll Oregano, fein zerkleinert
etwa 1 Hand voll Thymian, gehackt
125 g Toma, gerieben
etwas Salz und Pfeffer
einige Kräuterzweige

1 Die Brühe in einem Topf erhitzen und leicht köcheln lassen.

2 50 g Butter mit dem Olivenöl in einem Topf erhitzen, die Zwiebel und den Knoblauch zufügen und 3 Minuten glasig braten.

3 Den Reis zufügen und gut verrühren, damit die Körner mit Butter und Öl überzogen sind. Den Reis mit einem Schöpflöffel Brühe bedecken und gut umrühren. Leicht köcheln lassen und möglichst oft umrühren. Dabei nach und nach weitere Brühe zufügen, bis der Reis sie aufgenommen hat und gar, äußerlich aber cremig ist.

4 Die Kräuter, die restliche Butter und den Käse zufügen. Mit Salz und Pfeffer würzen und gut verrühren. Mit den Kräuterzweigen garnieren und sofort servieren.

Toma kommt aus den italienischen Alpen. Er kann durch Fontina oder Parmesan ersetzt werden.

Vorbereitungszeit **5 Min.** Garzeit **20 Min.** Gesamtzeit **25 Min.**

Spinatrisotto mit Zitrone

1 l Hühner- oder Gemüsebrühe
125 g Butter
1 EL Olivenöl
2 Schalotten, fein gehackt
300 g Arborio- oder Carnaroli-Reis
500 g Spinat, gehackt
Saft und abgeriebene Schale von 1 unbehandelten Zitrone
125 g Parmesan, frisch gerieben
etwas Salz und Pfeffer
etwas abgeriebene Zitronenschale (nach Belieben)

1 Die Brühe in einem Topf erhitzen und leicht köcheln lassen.

2 Inzwischen 50 g Butter und das Olivenöl in einem Topf erhitzen, die Schalotten zufügen und 3 Minuten glasig braten.

3 Den Reis zufügen und gut verrühren, damit die Körner mit Butter und Öl überzogen sind. Den Reis mit einem Schöpflöffel Brühe bedecken und gut umrühren. Leicht köcheln lassen und möglichst oft umrühren. Dabei nach und nach die Brühe zufügen und vom Reis aufnehmen lassen.

4 Bevor die letzte Brühe zugegeben wird, Spinat, Zitronensaft und -schale zufügen. Alles salzen und pfeffern. Die Hitzezufuhr erhöhen, gut verrühren und die restliche Brühe und Butter zugeben. Einige Minuten kochen lassen, die Hälfte des Parmesans untermischen. Mit dem restlichen Parmesan und evtl. der geriebenen Zitronenschale garnieren. Servieren.

Vorbereitungszeit **10 Min.** Garzeit **20 Min.**
Gesamtzeit **30 Min.**

Risotto mit Meeresfrüchten

1 l Fisch-, Hühner- oder Gemüsebrühe
einige Safranfäden
125 g Butter
2 EL Olivenöl
3 Schalotten, gehackt
1 Knoblauchzehe, fein gehackt
300 g Arborio- oder Carnaroli-Reis
125 g kleine Jakobsmuscheln, ohne Schale
125 g geputzter Tintenfisch, in Ringe geschnitten
125 g Garnelen, geschält
2 EL glattblättrige Petersilie, grob gehackt
75 ml Weißwein oder trockener Wermut
125 g Parmesan, frisch gerieben
etwas Salz und Pfeffer

1 Brühe und Safran in einem Topf erhitzen und leicht köcheln lassen.

2 Inzwischen 50 g Butter mit 1 EL Öl in einem weiteren Topf erhitzen, die Schalotten und den Knoblauch zufügen und 5 Minuten glasig braten.

3 Den Reis zufügen und gut verrühren, damit die Körner ausreichend mit Butter und Öl überzogen sind. Genug heiße Brühe zugeben, damit der Reis bedeckt ist, gut umrühren und leicht köcheln lassen. Während der gesamten Garzeit so oft wie möglich umrühren. Wenn die Flüssigkeit aufgenommen ist, mit dem Schöpflöffel so viel Brühe zufügen, dass der Reis gerade bedeckt ist, und gut umrühren.

4 Wenn die Hälfte der Brühe zugegeben wurde, alle Meeresfrüchte zufügen, die Hitzezufuhr etwas erhöhen und weitere Brühe zugeben; vorsichtig umrühren, damit die Meeresfrüchte nicht auseinander fallen.

5 Wenn der Reis die gesamte Brühe aufgenommen hat, die Petersilie, die restliche Butter, 1 EL Öl, den Weißwein oder Wermut und die Hälfte des Parmesans zufügen. Mit Salz und Pfeffer würzen und gut umrühren. Den restlichen Parmesan darüber streuen und servieren.

Das Geheimnis eines guten Risottos besteht darin, ihn langsam bei mäßiger Hitze zu garen, bis der Reis die gesamte Flüssigkeit absorbiert hat und aufgequollen und weich ist.

Pizza und Polenta

Neapel gilt als Ursprungsort der Pizza, aber heute gibt es sie in ganz Italien. Polenta ist ein gelber Maisgrieß aus Norditalien, der gebacken oder gebraten werden kann, als Beilage Verwendung findet und mit Käse zusammen köstlich schmeckt.

Vorbereitungszeit **10 Min.** Backzeit **siehe Rezepte**

Schneller Pizza-Grundteig

250 g Mehl mit 1/2 Päckchen Backpulver vermischt
1 TL Salz
150 ml warmes Wasser

Es ist wichtig, den Pizzateig in einem sehr heißen Ofen zu backen, er sollte also rechtzeitig vorgeheizt werden.

1 Mehl und Salz in eine Schüssel geben und gut vermischen. Langsam das Wasser zugeben und zu einem weichen Teig verrühren. Wenn der Teig abgebunden hat, eine Kugel formen, auf eine leicht bemehlte Arbeitsfläche geben und mit den Händen zu einem glatten, weichen Teig kneten.

2 Den Teig in 4 Portionen teilen, flachdrücken und dann mit einem Nudelholz sehr dünn ausrollen. Die Teigplatten müssen nicht exakt rund werden, denn darin liegt der Charme der selbst gemachten Pizza! Die Pizzas sollten nur etwas kleiner sein als die Teller, auf denen sie serviert werden, und so dünn wie möglich.

Vorbereitungszeit **8–10 Min. (plus Zubereitung des Pizzateiges)** Backzeit **10 Min.**
Backofentemperatur **230°C (Gas Stufe 4)** Gesamtzeit **ca. 30 Min.**

Klassische Tomatenpizza

1 Portion Pizza-Grundteig (siehe oben)
3 EL Olivenöl
2 rote Zwiebeln, in feine Scheiben geschnitten
2 Knoblauchzehen, fein gehackt
2 x 400 g Tomaten aus der Dose, gehackt
1 TL Rotweinessig
etwas Zucker
etwas Salz und Pfeffer
8 Sardellenfilets, in feine Streifen geschnitten
2 EL schwarze Oliven, entsteint
1 EL Kapern
250 g Mozzarella, in Scheiben geschnitten

1 Den Teig zu 4 Kreisen oder einem großen Rechteck ausrollen.

2 Das Öl in einem großen Topf erhitzen, Zwiebeln und Knoblauch zufügen und 3 Minuten glasig braten. Tomaten, Essig und Zucker zufügen und mit Salz und Pfeffer würzen. Die Hitzezufuhr erhöhen und die Mischung auf die Hälfte einköcheln lassen, um eine dickflüssige, kräftige Tomatensauce zu erhalten.

3 Den Pizzateig auf vorgewärmte Backbleche verteilen, die Sauce darüber löffeln und mit dem Löffelrücken bis an die Ränder verteilen.

4 Sardellen auf den Pizzas verteilen, Oliven und Kapern darüber streuen und Mozzarellascheiben darauf legen. Die Pizzas im vorgeheizten Ofen bei 230 °C (Gas Stufe 4) etwa 10 Minuten backen, bis sie goldbraun sind.

Ist der Ofen für 4 runde Pizzas zu klein, kann auch eine große rechteckige Pizza gebacken werden, die man dann aufteilt.

Vorbereitungszeit **8–10 Min. (plus Zubereitung des Pizzateiges)**
Backzeit **10–15 Min.** Backofentemperatur **230°C (Gas Stufe 4)**
Gesamtzeit **ca. 30 Min.**

Pizza mit frischen Waldpilzen

1 Portion Pizza-Grundteig (siehe S. 50)
etwas Olivenöl
2 Zwiebeln, in feine Scheiben geschnitten
2 Knoblauchzehen, fein gehackt
250 g Waldpilze, in Scheiben geschnitten
etwas Salz und Pfeffer
etwas Trüffelöl
etwa 1 Hand voll glattblättrige Petersilie, gehackt

1 Den Pizzateig auf vorgewärmte Backbleche verteilen und leicht mit dem Olivenöl bestreichen.

2 Zwiebeln, Knoblauch und Pilze vermengen und mit Salz und Pfeffer würzen. Die Mischung auf den Pizzas verteilen und mit einigen Tropfen Trüffelöl beträufeln. Die Pizzas in den vorgeheizten Ofen schieben und bei 230 °C (Gas Stufe 4) 10–15 Minuten backen.

3 Die fertigen Pizzas mit Petersilie bestreuen und sofort servieren.

Vorbereitungszeit **8–10 Min.**
(plus Zubereitung des Pizzateiges)
Backzeit **10–15 Min.**
Backofentemperatur **230°C (Gas Stufe 4)**
Gesamtzeit **ca. 30 Min.**

Artischocken-Ziegenkäse-Pizza

1 Portion Pizza-Grundteig (siehe S. 50)
2 Zwiebeln, in feine Scheiben geschnitten
1 kg Artischockenherzen aus der Dose
2 EL schwarze Oliven, entsteint
175 g milder Ziegenkäse, in dünne Scheiben geschnitten oder zerbröckelt
etwa 1 Hand voll Oregano, fein zerkleinert
etwas Salz und Pfeffer

1 Den Pizzateig auf vorgewärmte Backbleche verteilen.

2 Die Zwiebeln mit den Artischockenherzen vermischen und gut mit Salz und Pfeffer würzen.

3 Die Mischung gleichmäßig auf die 4 Pizzaböden verteilen, ebenso die Oliven. Mit dem Ziegenkäse belegen, den Oregano sowie Salz und Pfeffer darüber streuen. Die Pizzas in den vorgeheizten Ofen schieben und bei 230 °C (Gas Stufe 4) 10–15 Minuten backen.

Durch Zugabe von 50 g Wildpilzen wie beispielsweise Pfifferlinge wird diese Pizza besonders delikat.

Vorbereitungszeit 20 Min. (plus Zubereitung des Pizzateiges) Backzeit 10 Min.
Backofentemperatur 230 °C (Gas Stufe 4) Gesamtzeit ca. 30 Min.

Gemüsepizza

1 Portion Pizza-Grundteig (siehe S. 50)
5 EL Olivenöl
2 Knoblauchzehen, fein gehackt
1 rote Zwiebel, in feine Scheiben geschnitten
2 Zucchini, längs in dünne Scheiben geschnitten
1 rote Paprika, entkernt und in dünne Streifen geschnitten
1 gelbe Paprika, entkernt und in dünne Streifen geschnitten
4 Kirschtomaten, enthäutet, entkernt, in kleine Stücke geschnitten
500 g Spargel, geputzt
Blättchen von 4 Thymianzweigen
etwa 1 Hand voll Basilikum, grob zerkleinert
etwas Salz und Pfeffer
75 g Parmesanstreifen (nach Belieben)

1 Den Pizzateig auf vorgewärmte Backbleche verteilen und mit etwas Olivenöl bestreichen. Das Gemüse auf den Pizzaböden verteilen, die Thymianblättchen und das Basilikum darüber streuen.

2 Die Pizzas gut salzen und pfeffern, mit dem restlichen Öl beträufeln und im vorgeheizten Ofen auf der obersten Schiene bei 230 °C (Gas Stufe 4) etwa 10 Minuten backen. Das Gemüse sollte an den Rändern angebräunt sein, das trägt zum Aroma bei. Nach Belieben mit Parmesan bestreuen und servieren.

Vorbereitungszeit 8 Min. (plus Zubereitung des Pizzateiges) Backzeit 10 Min.
Backofentemperatur 230 °C (Gas Stufe 4) Gesamtzeit ca. 25 Min.

Paprikapizza mit Sardellen

4 EL Olivenöl
2 rote Zwiebeln, in Scheiben geschnitten
4 rote Paprika, entkernt und in Streifen geschnitten
2 Knoblauchzehen, fein gehackt
1 Portion Pizza-Grundteig (siehe S. 50)
50 g Sardellen aus der Dose
etwa 1 Hand voll Majoran, fein gehackt
1 EL schwarze Oliven, entsteint, gehackt
250 g Büffelmozzarella, in Scheiben geschnitten
etwas Salz und Pfeffer

1 Das Olivenöl in einem Topf erhitzen, die Zwiebeln und die roten Paprika zugeben und etwa 5 Minuten weich braten. Den Knoblauch zufügen und gut vermischen.

2 Den Pizzateig auf vorgewärmte Backbleche verteilen, die Paprika-Zwiebel-Mischung darüber geben und verteilen. Die Sardellen darauf legen und mit Salz, Pfeffer, Majoran und Oliven bestreuen. Mit den Mozzarellascheiben belegen.

3 Die Pizzas in den vorgeheizten Ofen schieben und bei 230 °C (Gas Stufe 4) etwa 10 Minuten backen.

Vorbereitungszeit **5 Min.** Garzeit **etwa 15 Min.** Gesamtzeit **20 Min.**

Cremige Polenta mit Dolcelatte und Mascarpone

600 ml Wasser
150 g Instant-Polenta
50 g Butter
2 EL Olivenöl
80 g Mascarpone
80 g Dolcelatte
etwa 1 Hand voll Oregano, fein gehackt
etwas Salz und Pfeffer

1 Das Wasser erhitzen, bis es leicht köchelt, die Polenta zugeben und 1–2 Minuten gut aufschlagen, bis eine weiche Paste entsteht.

2 Die Hitzezufuhr reduzieren und die Polenta noch 6–8 Minuten weiter kochen bis sie eindickt, dabei ständig umrühren, damit sie nicht am Topfboden festklebt oder eine Haut bildet.

3 Wenn die Polenta eingedickt und fertig ist, Salz und Pfeffer, die Butter und das Olivenöl zufügen und gut verrühren. Die beiden Käsesorten – sie sind auch als Torta erhältlich – in kleine Stücke teilen und mit dem Oregano zur Polenta geben. Gut vermischen.

4 Die Polenta sollte jetzt ungefähr die Konsistenz von Kartoffelbrei haben. Als Hauptgericht oder Beilage zu gebratenen Hähnchenbrüsten servieren.

Vorbereitungszeit **15 Min. (plus Zubereitung des Pizzateiges)**
Backzeit **13–15 Min.** Backofentemperatur **230 °C (Gas Stufe 4)**
Gesamtzeit **ca. 30 Min.**

Spinatpizza mit Parmaschinken und Ei

1 Portion Pizza-Grundteig (siehe S. 50)
Olivenöl zum Bestreichen und Beträufeln
2 Zwiebeln, in feine Scheiben geschnitten
2 Knoblauchzehen, geschält und in Scheiben geschnitten
4 Tomaten, enthäutet und in Scheiben geschnitten
250 g Spinat, grob gehackt und gekocht
8 Scheiben Parmaschinken, in Streifen geschnitten
1 EL schwarze Oliven, entsteint, gehackt
4 frische Eier
etwas Salz und Pfeffer

1 Den Pizzateig auf vorgewärmte Backbleche verteilen. Leicht mit Olivenöl bestreichen und mit Salz und Pfeffer würzen.

2 Zwiebeln, Knoblauch, Tomaten, Spinat, Parmaschinken und Oliven vermischen und auf die Teigportionen verteilen, dabei jeweils in der Mitte ein Nest für das Ei formen.

3 Die Pizzas mit dem Olivenöl beträufeln und mit Salz und Pfeffer würzen. Im vorgeheizten Backofen bei 230 °C (Gas Stufe 4) etwa 10 Minuten backen. Aus dem Ofen nehmen und die Eier in ihre Nester aufschlagen. Die Pizzas für weitere 3–5 Minuten im Ofen backen und sofort servieren. Wenn die Eier hart werden sollen, gibt man sie gleich auf den Gemüsebelag und backt sie von Anfang an mit.

Die Polenta muss während der ganzen Garzeit gut gerührt werden, sonst wird sie klumpig. Für die hier aufgeführten Rezepte sollte Instant-Polenta verwendet werden.

Vorbereitungszeit **10 Min.**
Garzeit **20 Min.**
Backofentemperatur **200 °C (Gas Stufe 3)**
Gesamtzeit **30 Min.**

Gebackene Polenta mit Fontina

Für die Polenta:
600 ml Wasser
150 g Instant-Polenta
125 g Butter
etwa 1 Hand voll Majoran, gehackt
200 g Fontina, gerieben
etwas Salz und Pfeffer

Für die Sauce:
3 EL Olivenöl
2 Knoblauchzehen, fein gehackt
1 Zwiebel, gehackt
400 g Tomaten aus der Dose, gehackt
1 Thymianzweig
1 TL Essig
1 TL Zucker

1 Das Wasser erhitzen, bis es leicht köchelt, die Polenta hineingeben und 1–2 Minuten gut schlagen, bis eine weiche Paste entsteht.

2 Die Hitzezufuhr reduzieren und die Polenta noch 6–8 Minuten weiter kochen, bis sie eindickt, dabei ständig umrühren, damit sie nicht am Topfboden festklebt oder eine Haut bildet.

3 Ist die Polenta eingedickt und fertig, Butter und Majoran zufügen sowie salzen und pfeffern. Gut vermischen. Die Polenta auf ein Hackbrett geben, etwa 1,5 cm dick ausrollen und 5 Minuten ruhen lassen. Alternativ kann man sie auch in eine Kastenform füllen und nach dem Ruhen in 1,5 cm dicke Scheiben schneiden.

4 Für die Sauce das Olivenöl in einem Topf erhitzen, den Knoblauch und die Zwiebel zufügen und 3 Minuten glasig braten.

5 Tomaten, Thymian, Essig und Zucker zugeben. Mit Salz und Pfeffer abschmecken und 10 Minuten bei mäßiger bis starker Hitze köcheln lassen, bis eine dickflüssige Sauce entstanden ist.

6 Eine flache Auflaufform mit Butter bestreichen, die Polenta in Rechtecke schneiden und den Boden der Form mit der Hälfte der Stücke auslegen. Die Hälfte des Fontina darauf streuen. Die Hälfte der Sauce darüber löffeln und die restliche Polenta darauf legen. Zuletzt wieder Sauce und Käse darüber geben und im vorgeheizten Ofen bei 200 °C (Gas Stufe 3) 10–15 Minuten backen, bis der Käse goldbraun ist und die Sauce Blasen wirft.

Vorbereitungszeit **5 Min.** Garzeit **25 Min.** Gesamtzeit **30 Min.**

Gebratene Polenta mit Spargel und Parmesan

600 ml Wasser
150 g Instant-Polenta
50 g Butter
500 g Spargel, geputzt
3 EL Olivenöl
1 EL Balsamessig
etwas Salz und Pfeffer
125 g Parmesan, gerieben

Parmesanflocken macht man am besten mit einem Käsehobel, man kann aber auch einen Gemüsehobel nehmen. Der Parmesan sollte direkt auf das Gericht gehobelt werden, da die Flocken brüchig sind.

1 Das Wasser erhitzen, bis es leicht köchelt, die Polenta hineingeben und 1–2 Minuten gut schlagen, bis eine weiche Paste entsteht.

2 Die Hitzezufuhr reduzieren und die Polenta noch 6–8 Minuten weiter kochen, bis sie eindickt, dabei ständig umrühren, damit sie nicht am Topfboden festklebt oder eine Haut bildet. Salzen und pfeffern, Butter zufügen und gut verrühren.

3 Die Polenta auf ein Hackbrett geben, 1,5 cm dick ausrollen und 5 Minuten ruhen lassen.

4 Das Gericht kann in einer flachen, großen Bratpfanne oder auf dem Grill fertig zubereitet werden. Die Bratpfanne heiß werden lassen oder den Grill aufheizen.

5 Die Polenta in Stücke schneiden und auf jeder Seite 5 Minuten braten oder grillen. In der Pfanne lässt sich eher eine schöne Farbe erreichen, was aber den Geschmack nicht verändert.

6 Den Spargel 4–5 Minuten bei großer Hitze braten oder grillen; wenden, wenn er sich verfärbt.

7 Zum Servieren die Polenta auf einer vorgewärmten Platte anrichten und mit dem Spargel bedecken. Mit Öl und Essig beträufeln und mit den Parmesanstreuseln garnieren.

Zubereitungszeit **10 Min.** Garzeit **20 Min.**
Gesamtzeit **30 Min.**

Polentasalat

600 ml Wasser
150 g Instant-Polenta
25 g Butter
Salz und Pfeffer
250 g Ziegenkäse, entrindet
1 kleiner Kopf Radicchio, verlesen und gewaschen
125 g Rucola
3 EL Olivenöl, extra vergine
1 EL Balsamessig

1 Das Wasser erhitzen, bis es leicht köchelt, die Polenta hineingeben und 1–2 Minuten lang zu einer weichen Paste schlagen. Die Hitze reduzieren und die Polenta noch 6–8 Minuten weiter kochen, bis sie eindickt, dabei ständig umrühren, damit sie nicht am Topfboden festklebt oder eine Haut bildet.

2 Wenn die Polenta eingedickt und fertig ist, die Butter hinzufügen und mit Salz und Pfeffer würzen. Alles gut vermischen. Auf einem Hackbrett 1,5 cm dick ausbreiten und 5 Minuten ruhen lassen.

3 Den Ziegenkäse zerbröckeln oder in dünne Scheiben schneiden und auf der Polenta verteilen. Dann die Polenta in Riegel oder Stücke schneiden. Die Polenta unter den vorgeheizten Grill legen und grillen, bis der Käse geschmolzen ist und Blasen wirft.

4 Die Radicchioblätter und den Senfkohl in eine Schüssel geben. Das Öl und den Essig zufügen, mit Salz und Pfeffer abschmecken und alles gut vermischen, bis die Blätter mit der Marinade überzogen sind. Die Salatblätter auf Tellern anrichten und die Polentastücke darauf legen.

Zubereitungszeit **5 Min.** Garzeit **25 Min.** Gesamtzeit **30 Min.**

Gegrillte Polenta mit Pilzen und Parmaschinken

600 ml Wasser
150 g Instant-Polenta
125 g Butter
1 EL Olivenöl
1 Knoblauchzehe, fein gehackt
375 g Champignons, in Scheiben geschnitten
1/2 TL Thymian, fein gehackt
125 ml trockener Weißwein
8 dünne Scheiben Parmaschinken
etwas Salz und Pfeffer

1 Das Wasser erhitzen, bis es leicht köchelt, die Polenta hineingeben und 1–2 Minuten gut schlagen, bis eine weiche Paste entsteht.

2 Die Hitze reduzieren und die Polenta noch 6–8 Minuten weiter kochen, bis sie eindickt, dabei ständig umrühren, damit sie nicht am Topfboden festklebt oder eine Haut bildet.

3 Wenn die Polenta eingedickt und fertig ist, 50 g der Butter hinzufügen und mit Salz und Pfeffer würzen. Alles gut vermischen. Die Polenta auf ein Hackbrett geben, 1,5 cm dick ausrollen und 5 Minuten ruhen lassen.

4 Die restliche Butter mit dem Olivenöl in einem Topf zerlassen. Den Knoblauch, die Pilze und den Thymian zufügen und mit dem Wein – um alles feucht zu halten – 10 Minuten braten. Mit Salz und Pfeffer abschmecken.

5 Die Polenta in Stücke schneiden, in eine aufgeheizte flache Bratpfanne oder unter den heißen Grill legen und auf jeder Seite 5 Minuten braten.

6 Die Schinkenscheiben über die Polentastücke legen und die Pilzmasse darauf verteilen. Das Gericht heiß oder mit Zimmertemperatur servieren.

Der beste Ziegenkäse für dieses Rezept ist die weiche Sorte ohne Rinde, die leicht verläuft. Ziegenkäse mit harter Rinde kann natürlich auch verwendet werden, er verläuft aber nicht so einfach.

Salate

Die meisten Salate in diesem Kapitel können als Hauptgericht serviert werden, aber viele sind auch hervorragende Beilagen oder Vorspeisen.

Vorbereitungszeit **20 Min.** Garzeit **5 Min.**
Gesamtzeit **25 Min.**

Caesars Salat

1 Knoblauch, Sardellenfilets, Zitronensaft, Senf und Eigelb in eine kleine Rührschüssel geben und mit Pfeffer würzen. Mit dem Handmixer oder einem kleinen Schneebesen verrühren. Dabei das Öl langsam hineintropfen lassen, bis eine dicke cremige Sauce entstanden ist. Falls die Sauce zu dick wird, etwas Wasser zugeben.

2 Das Fett in einer Pfanne erhitzen. Mit einem Brotstückchen testen, ob es heiß genug ist: Wenn das Brot brutzelt, die Croûtons hineingeben, wenden, wenn sie goldbraun sind. Die Croûtons auf einen mit Küchenpapier ausgelegten Teller legen, um das überschüssige Fett aufzusaugen.

3 Den Salat in eine große Schüssel geben, mit dem Dressing übergießen, 2 EL Parmesan darüber streuen und alles gut vermischen.

4 Den Salat in einer großen Schüssel oder auf Tellern servieren, mit den Croûtons und dem restlichen Parmesan bestreuen.

1 Knoblauchzehe, fein gehackt
4 Sardellenfilets, gehackt
Saft von 1 Zitrone
2 TL Senfpulver
1 frisches Eigelb
200 ml Olivenöl, extra vergine
Pflanzenfett zum Braten
3 Scheiben Bauernbrot, in Würfel geschnitten
1 Romagnasalat, gewaschen und in mundgerechte Stücke gezupft
3 EL Parmesan, frisch gerieben
etwas Pfeffer

Vorbereitungszeit **15 Min.** Gesamtzeit **15 Min.**

Panzanella

Bei diesem köstlichen, aber einfachen Salat sollten alle Zutaten etwa gleich groß geschnitten werden. Er ist hervorragend als Vorspeise geeignet oder auch als Beilage zu einer Fischmahlzeit an einem Sommerabend.

1 Das Brot in kleine Teile schneiden bzw. brechen und in eine Schüssel geben.

2 Den grünen Stielansatz der Tomaten entfernen. Die Tomaten in Stücke schneiden und zum Brot geben.

3 Die Salatgurke längs vierteln, in Würfel schneiden und zum Salat geben. Die Zwiebel hacken und mit der Petersilie und den Oliven in die Schüssel geben.

4 Öl, Essig und Zitronensaft mischen und mit Salz und Pfeffer abschmecken. Das Dressing über den Salat gießen und gut vermischen. Zugedeckt bei Zimmertemperatur mindestens 1 Stunde bis zum Servieren stehen lassen, damit das Aroma sich entfalten kann.

4 Scheiben Ciabatta-Brot
4 reife Tomaten
1/2 Salatgurke, geschält
1 rote Zwiebel
etwa 1 Hand voll glattblättrige Petersilie, gehackt
1 EL gehackte schwarze Oliven
4 EL Olivenöl, extra vergine
1–2 EL Weinessig
Saft von 1/2 Zitrone
etwas Salz und Pfeffer

Die Zutaten für den Caesars Salat können alle im Voraus vorbereitet werden. Der Salat darf aber erst kurz vor dem Servieren angemacht werden, weil er sonst zusammenfällt.

Vorbereitungszeit **10 Min.** Garzeit **2 Min.** Gesamtzeit **12 Min.**

Tomatensalat mit grünen Bohnen

250 g gemischte rote und gelbe kleine Tomaten (wenn möglich Kirschtomaten)
250 g dünne grüne Bohnen, vorbereitet
1 Bund Minze, gehackt
1 Knoblauchzehe, fein gehackt
4 EL Olivenöl, extra vergine
1 EL Balsamessig
etwas Salz und Pfeffer

1 Die Tomaten halbieren und in eine große Schüssel geben.

2 Die grünen Bohnen in kochendem Wasser 2 Minuten blanchieren, gut abtropfen lassen und zu den Tomaten geben.

3 Minze, Knoblauch, Öl und Essig zufügen. Mit Salz und Pfeffer abschmecken und gut vermischen. Warm oder kalt servieren.

Bohnensalat mit getrockneten Tomaten

Vorbereitungszeit **10 Min.**
Garzeit **5 Min.**
Gesamtzeit **15 Min.**

1 Das Öl in einer Pfanne erhitzen, die Zwiebel und den Knoblauch zufügen und bei großer Hitze unter Rühren rösten, bis sie goldbraun sind. Aus der Pfanne nehmen.

2 Die Bohnen in eine Schüssel geben und Zwiebel und Knoblauch unterrühren. Tomaten, Oliven, Kapern, Thymian, Olivenöl und Zitronensaft zufügen, mit Salz und Pfeffer würzen und gut vermischen. Abschmecken und servieren.

2 EL Olivenöl
1 Zwiebel, in Scheiben geschnitten
1 Knoblauchzehe, fein gehackt
1 Dose weiße Bohnen (425 g), abgetropft
125 g getrocknete Tomaten in Öl, abgetropft und grob gehackt
1 EL schwarze Oliven, gehackt
2 TL Kapern, gehackt
2 TL Thymian, gehackt
1 EL Olivenöl, extra vergine
Saft von 1/2 Zitrone
etwas Salz und Pfeffer

Vorbereitungszeit **10 Min.** Garzeit **2 Min.** Gesamtzeit **12 Min.**

Bohnensalat mit Pecorino

375 g frische Saubohnen, enthülst
175 g Pecorino
2 EL Olivenöl, extra vergine
Saft von 1/2 Zitrone
1 EL glattblättrige Petersilie, gehackt
etwas Salz und Pfeffer

1 Die Bohnen in kochendem Wasser 2 Minuten blanchieren. Abtropfen und abkühlen lassen. Wenn man Zeit hat, nach dem Blanchieren die äußeren Häutchen entfernen, um die grüne samtweiche Bohne im Inneren freizulegen.

2 Den Käse grob reiben und in eine Schüssel geben. Bohnen, Olivenöl, Zitronensaft und Petersilie zufügen, mit Salz und Pfeffer würzen und gut vermischen. Als eine von mehreren Vorspeisen servieren.

Dieser Salat ist als eigenständige Abendmahlzeit ebenso schmackhaft wie als Beilage zu gegrilltem Fleisch oder Fisch.

Vorbereitungszeit **10 Min.** Garzeit **10 Min.**
Backofentemperatur **190 °C (Gas Stufe 2/3)**
Gesamtzeit **20 Min.**

Gemüse-Berge mit Mozzarella

1 Aubergine, in 8 Scheiben geschnitten
4 Fleischtomaten, enthäutet, jede in 8 Scheiben geschnitten
250 g abgepackter Büffelmozzarella, in 8 Scheiben geschnitten
2 EL Olivenöl
Pesto (siehe S. 16)
etwas Salz und Pfeffer
einige Minzezweige

1 Die Auberginenscheiben in eine vorgeheizte flache Bratpfanne oder unter den heißen Grill legen und auf beiden Seiten braun braten.

2 Ein Backblech leicht einölen.

3 Für die Gemüse-Berge zunächst 4 Auberginenscheiben auf das Backblech legen. Auf jede Scheibe 1 Tomaten- und 1 Mozzarellascheibe geben, darauf eine zweite Schicht mit Aubergine, Tomate und Mozzarella. Jede Schicht mit Salz und Pfeffer würzen. Schaschlik- oder Rouladenspieße durch die Mitte stechen, um die Stapel zusammenzuhalten.

4 Die Gemüsestapel im vorgeheizten Backofen bei 190 °C (Gas Stufe 2/3) etwa 10 Minuten backen.

5 Zum Servieren die Stapel auf 4 Teller verteilen und die Schaschlik- oder Rouladenspieße vorsichtig entfernen. Mit etwas Olivenöl beträufeln und großzügig Pesto darüber löffeln. Mit den Minzezweigen garnieren und warm oder mit Zimmertemperatur servieren.

Vorbereitungszeit **10 Min.**
Garzeit **20 Min.**
Gesamtzeit **30 Min.**

Caponata

Dieser Salat gewinnt noch, wenn er ruhen kann.

6 EL Olivenöl
2 Auberginen, gewürfelt
1 rote Zwiebel, gehackt
3 Stangen Sellerie, gehackt
5 Tomaten, enthäutet und grob gehackt
3 EL Rotweinessig
1 EL Zucker
1 EL Kapern
50 g schwarze Oliven, entsteint
etwa 1 Hand voll glattblättrige Petersilie, gehackt
etwas Salz und Pfeffer

1 Das Öl in einem Topf erhitzen, die Auberginen zufügen und braten, bis sie goldbraun und weich sind. Die Auberginen herausnehmen und auf Küchenpapier abtropfen lassen.

2 Zwiebel und Sellerie in den Topf geben und etwa 6 Minuten braten, bis sie weich, aber nicht braun sind.

3 Tomaten zugeben und 3 Minuten braten. Essig, Zucker, Kapern, Oliven sowie Petersilie zufügen und salzen und pfeffern. 5 Minuten köcheln. Den Topf vom Herd nehmen, die Auberginen wieder zufügen und gut vermischen. Abkühlen lassen und servieren.

Diese „Berge" sollten mit knusprigem italienischem Brot serviert werden, um das köstliche Pesto aufzutunken.

Dieser Auberginensalat kann als Vorspeise oder Beilage serviert werden.

Vorbereitungszeit **10 Min. (plus Zeit zum Abkühlen)** Garzeit **15 Min.**
Gesamtzeit **25 Min.**

Auberginensalat

4 EL Olivenöl
1 Zwiebel, gehackt
2 Knoblauchzehen, fein gehackt
2 Auberginen, gewürfelt
4 Tomaten, enthäutet und grob gehackt
4 Sardellenfilets, gehackt
2 EL schwarze Oliven, entsteint
75 g Pinienkerne, geröstet
2 EL Kapern, gehackt
etwa 1 Hand voll glattblättrige Petersilie, gehackt
etwas Salz und Pfeffer

Für das italienische Salatdressing:
1 EL Weißweinessig
3 EL Olivenöl
Saft von 1/2 Zitrone
1 TL Dijonsenf

1 Das Öl in einem Topf erhitzen, Zwiebel, Knoblauch und Auberginen zufügen und 15 Minuten braten.

2 Inzwischen das Dressing zubereiten: Alle Zutaten in ein fest verschließbares Gefäß füllen, mit Salz und Pfeffer würzen und gut schütteln. Beiseite stellen.

3 Tomaten, Sardellen, Oliven, Pinienkerne, Kapern und Petersilie zur Auberginenmischung geben und mit Salz und Pfeffer abschmecken. Abschließend das Salatdressing darüber gießen, gut vermischen und abkühlen lassen.

Vorbereitungszeit **5 Min. (plus Zeit zum Abkühlen)** Garzeit **25 Min.**
Backofentemperatur **200 °C (Gas Stufe 3)** Gesamtzeit **30 Min.**

Piemonteser Paprika

4 rote Paprika
4–8 Sardellenfilets
4 Tomaten, enthäutet und geviertelt
4 EL Olivenöl
etwas Salz und Pfeffer

Für die Garnitur:
etwa 1 Hand voll Basilikum, grün oder rot, grob gezupft
125 g Parmesan

1 Die Paprika längs halbieren, dabei erst durch den Stiel, dann durch das Fleisch schneiden – es sieht hübsch aus, wenn der Stiel an der Paprika bleibt. Kerne und weiße Rippen entfernen.

2 Ein Backblech leicht einölen und die Paprikahälften mit der offenen Seite nach oben darauf legen.

3 Die Sardellen längs halbieren oder vierteln.

4 Je 2 Tomatenviertel in eine Paprikahälfte legen, die Sardellen kreuzweise darüber legen und mit dem Olivenöl beträufeln. Mit Salz und Pfeffer bestreuen und im vorgeheizten Ofen bei 200 °C (Gas Stufe 3) etwa 25 Minuten backen.

5 Die Paprika abkühlen lassen und mit Basilikum und Parmesanstreuseln garniert servieren. Dazu den Parmesan mit einem Käse- oder Gemüsehobel auf die Paprika reiben.

Vorbereitungszeit **15 Min.**
Gesamtzeit **15 Min.**

Bohnensalat mit Thunfisch und Rucola

4 Tomaten, enthäutet, entkernt und grob gestückelt
125 g Rucola
1 Dose grüne Bohnen (425 g), abgetropft
200 g Thunfisch in Olivenöl
1 rote Zwiebel, gehackt
125 g Artischockenherzen in Olivenöl
2 junge Stangen Sellerie mit Blättern, gehackt
1 EL schwarze Oliven, entsteint
Saft von 1 Zitrone
1 EL Rotweinessig
1/2 TL getrocknete Chilischoten, zerstoßen
etwa 1 Hand voll glattblättrige Petersilie, grob gehackt
etwas Salz und Pfeffer

1 Die Tomaten mit dem Rucola in eine große Salatschüssel geben.

2 Bohnen, Thunfisch und Öl unterrühren, den Thunfisch dabei in grobe Stücke zerteilen. Die Zwiebel ebenfalls unterrühren.

3 Die Artischockenherzen mit ihrem Öl, den Stangensellerie, die Oliven, den Zitronensaft, den Rotweinessig, die Chilischoten und die Petersilie zufügen und alles mit Salz und Pfeffer würzen.

4 Alle Zutaten gut miteinander vermischen und 30 Minuten ruhen lassen, damit sich das Aroma entfalten kann. Mit Zimmertemperatur servieren; warmes knuspriges Brot dazureichen.

Vorbereitungszeit **10 Min.** Garzeit **15 Min.** Gesamtzeit **25 Min.**

Hähnchensalat mit Parmesan

2 Hähnchenbrüste, ohne Haut und Knochen
1 Knoblauchzehe, fein gehackt
150 ml Olivenöl
3 Sardellenfilets, grob gehackt
Saft von 1/2 Zitrone
1 TL Senfpulver
1 Eigelb
1 Romagnasalat, in Stücke gezupft
etwa 1 Hand voll Basilikum, grob gezupft
3 Scheiben Ciabatta-Brot oder weißes Bauernbrot, gewürfelt und in Öl geröstet
75 g Parmesan
etwas Pfeffer

1 Die Hähnchenbrüste in einer heißen flachen Bratpfanne oder unter dem vorgeheizten heißen Grill auf jeder Seite 5 Minuten braten oder grillen.

2 Knoblauch, Öl, Sardellen, Zitronensaft, Senf und Eigelb in einen Mixer geben, mit Pfeffer würzen und zu einer einheitlichen Masse pürieren.

3 Den Romagnasalat in eine Schüssel geben, das Dressing darüber gießen und vermischen.

4 Den Salat auf Tellern anrichten und mit dem Basilikum und den Croûtons bestreuen.

5 Die Hähnchenbrüste jeweils längs halbieren und auf den Salat legen. Den Parmesan auf die Hähnchen reiben und servieren.

Vorbereitungszeit **5 Min., plus 5 Min. Ruhezeit**
Gesamtzeit **10 Min.**

Feigen mit Parmaschinken

4 Feigen
Saft von ½ Zitrone
4 EL Olivenöl, extra vergine
etwa 1 Hand voll Basilikum, grob gezupft
12 Scheiben Parmaschinken, hauchdünn geschnitten
etwas Salz und Pfeffer

1 Die Feigen vierteln und die Stiele entfernen. Mit dem Zitronensaft, dem Olivenöl und dem Basilikum in eine Schüssel geben und mit Salz und Pfeffer würzen. Gut vermischen und 5 Minuten ruhen lassen.

2 Den Parmaschinken auf einer Servierplatte anrichten und die Feigen über den Schinken löffeln. Salzen und Pfeffern und mit Zimmertemperatur servieren.

Dieses Rezept ist sehr einfach und hängt von der Qualität der verwendeten Zutaten ab. Die Feigen kauft man am besten nur, wenn sie Saison haben, und dann sollten sie reif und schmackhaft aussehen. Ebenso wichtig ist es, den Parmaschinken in einem Feinkostgeschäft zu kaufen, wo er nach Anweisung zurechtgeschnitten wird. Wer möchte, kann die Feigen auch durch eine duftende reife Melone ersetzen, die geschält, entkernt und in Stücke geschnitten wird.

Gemüse

Gemüse spielt in der italienischen Küche eine wichtige Rolle – ob auf einem Vorspeisenteller, in einer Suppe, als Beilage oder als vollwertiges Hauptgericht. Die Vielfalt der Sorten und Zubereitungsarten ist unerschöpflich.

Vorbereitungszeit **10 Min.** Garzeit **10 Min.** Gesamtzeit **20 Min.**

Schneller Spinat

1 EL Olivenöl
1 rote Zwiebel, in Scheiben geschnitten
1 Knoblauchzehe, fein gehackt
75 g Pinienkerne
4 Tomaten, enthäutet, entkernt und grob gehackt
1 kg Spinat, gewaschen und geputzt
50 g Butter
1 Prise Muskatnuss
etwas Salz und Pfeffer

1 Das Öl in einer großen Pfanne erhitzen, Knoblauch und Zwiebel zufügen und 5 Minuten anbraten.

2 Die Pinienkerne in einer anderen Pfanne ohne Fettzugabe unter ständigem Umrühren bräunen. Beiseite stellen.

3 Tomaten, Spinat, Butter und Muskatnuss dazugeben. Alles gut umrühren und mit Salz und Pfeffer würzen. Bei großer Hitze etwa 3 Minuten kochen lassen, bis der Spinat gerade zusammenfällt. Die Pfanne vom Herd nehmen, die Pinienkerne unterrühren und sofort servieren.

Der Spinat muss nach dem Waschen gut getrocknet werden. Zum Trockenschleudern kann man entweder eine Salatschleuder nehmen oder einfach ein sauberes Küchentuch.

Vorbereitungszeit **5 Min.**
Garzeit **10 Min.**
Gesamtzeit **15 Min.**

Gebratene Zucchini mit Chilis

750 g Zucchini, in dicke Scheiben geschnitten
75 g Mehl
Öl zum Braten
50 g Butter
1/2 TL getrocknete Chilischoten, zerstoßen
2 Knoblauchzehen, fein gehackt
Saft und Schale von 1 unbehandelten Zitrone
1 EL grüne Oliven, entkernt und gehackt
etwas Salz und Pfeffer

1 Die Zucchini in Mehl wenden.

2 Das Öl in einer Pfanne erhitzen und die Zucchini portionsweise auf jeder Seite 2 Minuten braten, bis sie goldbraun sind. Aus der Pfanne nehmen und warm halten.

3 Das Öl aus der Pfanne gießen. Butter, Chilischoten, Knoblauch, Saft und abgeriebene Schale der Zitrone sowie die Oliven in die Pfanne geben und erhitzen, bis die Butter etwas schäumt. Alles über die Zucchini geben, salzen und pfeffern. Vorsichtig vermengen und sofort servieren.

Vorbereitungszeit **10 Min.** Garzeit **12 Min.** Gesamtzeit **22 Min.**

Frittierte Zucchini

500 g Zucchini, geputzt und gerieben
1 Knoblauchzehe, fein gehackt
50 g Parmesan, frisch gerieben
50 g Mehl
1 Ei, verquirlt
Olivenöl zum Braten
etwas Salz und Pfeffer
1 Zitrone, geviertelt

1 Zucchini, Knoblauch, Parmesan, Mehl und Ei in einer Rührschüssel miteinander vermengen und mit Salz und Pfeffer würzen.

2 Das Olivenöl in einer Pfanne erhitzen. Die Zucchinimischung esslöffelweise in die Pfanne geben und die Portionen auf jeder Seite 4–5 Minuten braten, bis sie knusprig braun sind.

3 Die frittierten Zucchini mit einem Seihlöffel aus der Pfanne nehmen, auf einen vorgewärmten Servierteller geben und warm halten, bis die ganze Masse verbraucht ist.

4 Die Zucchini mit Salz bestreuen, mit den Zitronenvierteln garnieren und servieren.

Der dunkle Balsamessig verleiht
diesem bunten Gemüsegericht
sein feines, bittersüßes Aroma.

Vorbereitungszeit **5 Min.** Garzeit **20 Min.** Gesamtzeit **25 Min.**

Lauch und Paprika in Balsamessig

2 EL Olivenöl
2 Lauchstangen, in 1 cm dicke Scheiben geschnitten
1 orangefarbene und 1 rote Paprika, entkernt und in 1 cm große Stücke geschnitten
3 EL Balsamessig
etwa 1 Hand voll glattblättrige Petersilie, fein gehackt
etwas Salz und Pfeffer

1 Das Olivenöl in einer Pfanne erhitzen, den Lauch und die Paprika dazugeben und gut umrühren. Die Pfanne bedecken und alles etwa 10 Minuten andünsten.

2 Den Balsamessig hinzugeben und ohne Deckel ungefähr 10 Minuten garen, bis das Gemüse vom Essig bräunlich gefärbt und die ganze Flüssigkeit verdampft ist.

3 Salzen und pfeffern und kurz vor dem Servieren die Petersilie zufügen.

Vorbereitungszeit **5 Min.** Garzeit **25 Min.**
Backofentemperatur **200 °C (Gas Stufe 3)**
Gesamtzeit **30 Min.**

Frittata mit Gemüse

Die bekannteste Variante der Frittata ist die mit Gemüse, doch die Zutaten können nach Belieben abgewandelt werden.

1 Das Olivenöl in einer ofenfesten Pfanne erhitzen. Zwiebeln, Knoblauch, Kartoffeln, Paprika und Zucchini dazugeben und alles 5 Minuten braten.

2 Den Thymian hinzufügen, mit Salz und Pfeffer würzen und alles gut vermengen. Die Eier zugeben und bei mäßiger Hitze etwa 3 Minuten braten.

3 Den Parmesan darüber streuen und die Pfanne für etwa 15 Minuten in den auf 200 °C (Gas Stufe 3) vorgeheizten Backofen stellen. Die Frittata muss gestockt und oben goldbraun sein.

4 Die Pfanne aus dem Ofen nehmen und die Frittata mit einer Palette oder einem anderen Messer aus der Pfanne lösen. Sofort servieren.

2 EL Olivenöl
2 Zwiebeln, in feine Scheiben geschnitten
2 Knoblauchzehen, fein gehackt
2 Kartoffeln, gekocht und in Scheiben geschnitten
2 rote Paprika, entkernt und in Streifen geschnitten
6 Zucchini, in Scheiben geschnitten
1 Zweig Thymian, gehackt
5 frische Eier, verquirlt
50 g Parmesan, frisch gerieben
etwas Salz und Pfeffer

Vorbereitungszeit **5 Min.**
Garzeit **25 Min.**
Backofentemperatur **200 °C (Gas Stufe 3)**
Gesamtzeit **30 Min.**

Frittata mit Spinat und Ricotta

2 EL Olivenöl
2 Zwiebeln, in feine Scheiben geschnitten
5 frische Eier
1 Knoblauchzehe, fein gehackt
500 g Spinat, gewaschen, geputzt und gehackt
175 g Ricotta
50 g Pinienkerne
25 g schwarze Oliven, entkernt und gehackt
etwas Salz und Pfeffer

1 Das Olivenöl in einer ofenfesten Pfanne erhitzen, die Zwiebeln und den Knoblauch dazugeben und etwa 3 Minuten unter Umrühren glasig braten, ohne dass sie braun werden. Beiseite stellen.

2 Die Eier in einer großen Rührschüssel verquirlen, mit Salz und Pfeffer würzen, den Spinat zugeben und etwa drei Viertel des Ricottas hineinbröckeln. Pinienkerne, Oliven, Zwiebeln und Knoblauch zugeben und alles gut vermengen.

3 Noch etwas Olivenöl in die Pfanne geben, erneut erhitzen, die Spinatmischung zugeben und etwa 5 Minuten kochen lassen.

4 Den restlichen Ricotta darüber verteilen, mit Salz und Pfeffer würzen und die Pfanne für etwa 15 Minuten in den auf 200°C (Gas Stufe 3) vorgeheizten Backofen stellen, bis die Frittata gestockt und oben goldbraun ist.

5 Die Frittata mit einer Palette oder einem anderen Messer aus der Pfanne lösen. Das Gericht kann warm oder kalt serviert werden.

Vorbereitungszeit **5 Min.**
Garzeit **25 Min.**
Backofentemperatur **200 °C (Gas Stufe 3)**
Gesamtzeit **30 Min.**

Gebackener Fenchel mit Parmesan

750 g Fenchel
etwas Butter zum Einfetten
250 g Sahne
75 g Parmesan, frisch gerieben
etwas Salz und Pfeffer

1 Die äußeren Blätter der Fenchelknollen entfernen, die Strünke herausschneiden und den Fenchel längs in Streifen schneiden. Die Blätter etwa 5 Minuten in einen Topf mit kochendem Wasser geben. Gut abtropfen lassen.

2 Eine ofenfeste Form mit Butter einfetten, den Fenchel hineingeben und mit Salz und Pfeffer würzen. Sahne darüber gießen und den Parmesan darüber streuen.

3 Den Fenchel im vorgeheizten Ofen auf der obersten Schiene bei 200 °C (Gas Stufe 3) 20 Minuten backen, bis er oben goldbraun ist.

Vorbereitungszeit **5 Min.** Garzeit **25 Min.**
Backofentemperatur **220°C (Gas Stufe 4)**
Gesamtzeit **30 Min.**

Geröstetes Gemüse mit Chili

- 4 EL Olivenöl
- 250 g Pastinaken, in gleich große Stücke geschnitten
- 250 g Lauch, in 1 cm breite Längsstreifen geschnitten
- 250 g rote Paprika, entkernt und in große Stücke geschnitten
- 250 g Auberginen, in Stücke geschnitten
- 1/2 TL getrocknete Chilischoten, zerstoßen
- etwa 1 Hand voll frischer Majoran, gehackt
- etwas Salz und Pfeffer

1 Das Olivenöl in eine große ofenfeste Form geben und diese für einige Minuten in den auf 220 °C (Gas Stufe 4) vorgeheizten Backofen schieben.

2 Die Pastinaken in die Form geben, gleichmäßig im Öl wenden und die Form für 10 Minuten auf die oberste Schiene des Backofens stellen.

3 Die Form aus dem Ofen nehmen und Lauch, Paprika, Auberginen und Chilischoten zufügen. Gut vermengen und dann für weitere 15 Minuten in den Backofen stellen.

4 Die Form wieder aus dem Ofen nehmen, mit Majoran, Salz und Pfeffer würzen, gut umrühren und sofort servieren.

Vorbereitungszeit **5 Min.** Garzeit **20 Min.**
Backofentemperatur **200 °C (Gas Stufe 3)** Gesamtzeit **25 Min.**

Gebackener Sellerie mit Parmesan

Dieses Rezept gelingt ebenso gut mit Fenchel.

- 2 EL Butter
- 2 kleine Knollen junger Sellerie
- etwa 1 Hand voll frischer Oregano, gehackt
- 3 EL Olivenöl
- 75 g Parmesan, frisch gerieben
- etwas Salz und Pfeffer

1 Eine große ofenfeste Form mit Butter einfetten. Die Sellerieknollen vierteln und in die vorbereitete Form geben. Dann den Oregano hinzufügen, Olivenöl darüber träufeln und alles gut mit Salz und Pfeffer würzen.

2 Den Parmesan über den Sellerie streuen und das Gericht etwa 20 Minuten in den auf 200 °C (Gas Stufe 3) vorgeheizten Ofen stellen, bis der Sellerie weich und der Käse knusprig braun ist.

Vorbereitungszeit **5 Min.** Garzeit **25 Min.**
Ofentemperatur **190 °C (Gas Stufe 3)** Gesamtzeit **30 Min.**

Auberginenauflauf mit Gorgonzola

4 EL Olivenöl
1 rote Zwiebel, gehackt
2 Knoblauchzehen, fein gehackt
400 g Tomaten aus der Dose, gehackt
1 rote Chilischote, gewürfelt
etwa 1 Hand voll Basilikum, grob gehackt
2 Auberginen, in dicke Scheiben geschnitten
125 g Gorgonzola
etwas Salz und Pfeffer

1 1 EL Olivenöl in einer Pfanne erhitzen, Zwiebel und Knoblauch zufügen und 3 Minuten unter Umrühren glasig braten.

2 Tomaten und Chilischote zufügen und 8–10 Minuten köcheln lassen, bis die Sauce dickflüssig geworden ist. Das Basilikum zugeben und mit Salz und Pfeffer würzen.

3 3 EL Olivenöl in einer großen Pfanne erhitzen, die Auberginenscheiben zufügen und auf jeder Seite goldbraun braten.

4 Eine Schicht Auberginen in eine flache feuerfeste Form geben und die Hälfte der Sauce darüber verteilen. Eine weitere Schicht Auberginen darauf legen, die restliche Sauce darüber gießen und zum Schluss Gorgonzola darüber krümeln. Den Auflauf im vorgeheizten Ofen bei 190 °C (Gas Stufe 3) 15 Minuten backen.

Vorbereitungszeit **5 Min.** Garzeit **25 Min.**
Ofentemperatur **200 °C (Gas Stufe 3)**
Gesamtzeit **30 Min.**

Gefüllte Auberginen

2 Auberginen
4 EL Olivenöl
8 Tomaten, enthäutet und gehackt
2 Knoblauchzehen, fein gehackt
4 Sardellenfilets, gehackt
1 EL Kapern, gehackt
etwa 1 Hand voll Basilikum, gehackt
etwa 1 Hand voll glattblättrige Petersilie, gehackt
75 g Pecorino, frisch gerieben
2 EL Pinienkerne, geröstet (siehe S. 81 oben, Schritt 4)
50 g weiße Brotkrumen
etwas Salz und Pfeffer

1 Die Auberginen längs halbieren, das Fruchtfleisch – ohne die Schale zu verletzen – herauslöffeln und grob hacken.

2 Das Öl in einer Pfanne erhitzen, die Auberginenschalen hineingeben und auf jeder Seite 3–4 Minuten dünsten. Die Schalen in eine mit wenig Öl eingefettete Form legen. Das Fruchtfleisch einige Minuten unter Rühren goldbraun braten.

3 Tomaten, Knoblauch, Sardellen, Kapern, Basilikum, Petersilie, die Hälfte des Pecorinos, Pinienkerne, Brotkrumen und Auberginenfruchtfleisch gut vermengen und mit Salz und Pfeffer würzen. Die Mischung in die Auberginenschalen füllen. Den restlichen Käse darüber streuen und im vorgeheizten Ofen bei 200 °C (Gas Stufe 3) 20 Minuten backen.

Dieses köstliche Gericht, das kalt oder warm serviert werden kann, schmeckt auch mit Paprika oder Zucchini.

Vorbereitungszeit 5 Min. Garzeit 25 Min. Gesamtzeit 30 Min.

Sizilianische Auberginen

4 EL Olivenöl
2 rote Zwiebeln, in Scheiben geschnitten
2 Knoblauchzehen, fein gehackt
2 Stangen Sellerie, gehackt
1 Aubergine, in kleine Würfel geschnitten
1 gelbe und 1 rote Paprika, entkernt und in dünne Streifen geschnitten
150 ml passierte Tomaten aus der Dose
2 EL Rotweinessig
6 Sardellenfilets, in Längsstreifen geschnitten
50 g Kapern, grob gehackt
125 g schwarze Oliven, entkernt
75 g Pinienkerne
etwa 1 Hand voll glattblättrige Petersilie, gehackt
etwas Pfeffer

1 Das Olivenöl in einer Pfanne erhitzen, Zwiebeln, Knoblauch und Sellerie hinzufügen und 3 Minuten unter Rühren braten.

2 Die Auberginen und die Paprika zugeben, die Temperaturzufuhr erhöhen und weitere 5 Minuten unter ständigem Rühren braten.

3 Die Tomatensauce und den Essig hinzufügen, alles kurz aufkochen lassen, die Hitzezufuhr reduzieren und die Mischung etwa 10 Minuten köcheln lassen. Sardellen, Kapern und Oliven zugeben und weitere 5 Minuten köcheln lassen.

4 Inzwischen die Pinienkerne in einer schweren Pfanne ohne Fettzugabe unter ständigem Rühren bräunen, ohne dass sie schwarz werden.

5 Die Auberginenmischung pfeffern, Pinienkerne und Petersilie zufügen und alles gut vermengen. Heiß oder mit Zimmertemperatur servieren.

Vorbereitungszeit 5 Min. Garzeit 10 Min.
Gesamtzeit 15 Min.

Brokkoli mit Sardellen

75 g Pinienkerne
1 kg Brokkoli, in Röschen zerteilt
50 g Butter
Saft von 1 Zitrone
4 Sardellenfilets, fein gehackt
75 g Parmesan, frisch gerieben
etwas Salz und Pfeffer

1 Die Pinienkerne in einer Pfanne ohne Fettzugabe und unter ständigem Rühren bräunen, ohne dass sie schwarz werden. Beiseite stellen.

2 Den Brokkoli dämpfen oder für 2 Minuten in kochendes Wasser geben, gut abtropfen lassen und in eine Servierschüssel geben.

3 Die Butter in einer kleinen Pfanne zerlassen, den Zitronensaft und die Sardellen hinzufügen und alles erhitzen, bis die Butter schaumig wird. Die Butter über den Brokkoli gießen, mit Salz und Pfeffer würzen und umrühren. Vor dem Servieren den Parmesan und die Pinienkerne über das Gericht verteilen.

Vorbereitungszeit **5 Min.** Garzeit **20 Min.**
Backofentemperatur **200 °C (Gas Stufe 3)**
Gesamtzeit **25 Min.**

Kartoffeln in Parmaschinken

1 Jede Kartoffel gut in eine Scheibe Parmaschinken einwickeln.

2 Eine feuerfeste Form oder ein Backblech mit etwas Öl einfetten, die Kartoffeln hineinlegen und für 20 Minuten im vorgeheizten Ofen bei 200 °C (Gas Stufe 3) backen. Die Kartoffeln gegebenfalls wenden oder anders verteilen, falls sie nicht gleichmäßig bräunen.

3 Vor dem Servieren etwas Meersalz über die Kartoffeln streuen.

12 kleine, neue Kartoffeln, gekocht
12 dünne Scheiben Parmaschinken
2 EL Olivenöl
etwas Meersalz

Vorbereitungszeit **5 Min.** Garzeit **25 Min.**
Ofentemperatur **230 °C (Gas Stufe 4)** Gesamtzeit **30 Min.**

Geröstete Kartoffeln mit Rosmarin

1 Die Kartoffeln vierteln und mit Küchenpapier abtrocknen.

2 Den Backofen auf 230 °C (Gas Stufe 4) vorheizen. 2 EL Olivenöl in eine große feuerfeste Form oder auf ein Blech geben und dann in den Ofen schieben.

3 Inzwischen das restliche Öl und den Rosmarin vermengen und die Kartoffeln im Öl wenden, bis sie gleichmäßig damit überzogen sind.

4 Die Kartoffeln gleichmäßig verteilen und dann auf der obersten Schiene des Backofens 20 Minuten rösten.

5 Aus dem Backofen herausnehmen und die Kartoffeln wenden. Dann den Knoblauch über den Kartoffeln verteilen und alles für weitere 5 Minuten in den Ofen stellen. Die Kartoffeln wieder aus dem Backofen nehmen, mit Salz und Pfeffer würzen und anschließend sofort servieren.

750 g Kartoffeln mit Schale
4 EL Olivenöl
2 EL Rosmarin, gehackt
4 Knoblauchzehen, in Scheiben geschnitten
etwas Salz und Pfeffer

Diese gerösteten Kartoffeln passen ideal zu Fischgerichten, sehr gut schmecken sie aber auch als würzige Vorspeise.

Vorbereitungszeit **5 Min.** Garzeit **10 Min.** Gesamtzeit **15 Min.**

Schwarzkohl mit Pancetta

1 EL Olivenöl
1 Zwiebel, in Scheiben geschnitten
1 Knoblauchzehe, fein gehackt
1 rote Chilischote, entkernt und gehackt
125 g Pancetta oder Bauchspeck, gewürfelt
1 Kopf Schwarzkohl
75 ml Hühnerbrühe
75 g Parmesan, frisch gerieben
etwas Salz und Pfeffer

1 Das Olivenöl in einer großen Pfanne erhitzen, Zwiebel, Knoblauch, Chilischote und Pancetta bzw. Bauchspeck hinzufügen und 5 Minuten braten, bis das Gemüse weich ist.

2 Die äußeren Blätter des Schwarzkohls entfernen und den Kopf längs halbieren. Den Strunk entfernen und die Blätter grob hacken.

3 Den Schwarzkohl zur Zwiebelmischung geben und gut umrühren. Die Hühnerbrühe hinzufügen und alles mit Salz und Pfeffer würzen. Bei mittlerer Hitze unter ständigem Umrühren etwa 4 Minuten köcheln lassen.

4 Den Parmesan darüber streuen und sofort servieren.

Vorbereitungszeit **5 Min.** Garzeit **25 Min.**
Gesamtzeit **30 Min.**

Geschmorte Saubohnen und Linsen

2 EL Olivenöl
1 rote Zwiebel, gehackt
2 Knoblauchzehen, fein gehackt
125 g Pancetta oder ungeräucherter Speck, gewürfelt
175 g Puy-Linsen
1 kg Saubohnen
etwa 1 Hand voll Majoran, gehackt
8 Artischockenherzen, frisch oder aus der Dose
50 g Butter
etwa 1 Hand voll glattblättrige Petersilie, gehackt
etwas Salz und Pfeffer

1 Das Öl in einer Pfanne erhitzen. Zwiebel, Knoblauch und Pancetta bzw. Speck zufügen und 5 Minuten unter Rühren braten.

2 Linsen, Saubohnen und Majoran dazugeben, mit Salz und Pfeffer würzen und alles mit heißem Wasser bedecken. Gut umrühren und 15 Minuten köcheln lassen. Wenn die Mischung zu dickflüssig wird, etwas Wasser nachgießen. Wiederholt umrühren, damit nichts anbrennt.

3 Die Artischockenherzen zufügen und etwa 5 Minuten weiterköcheln lassen, bis die Mischung sämig ist. Zum Schluss die Butter und die Petersilie hineinrühren, mit Salz und Pfeffer abschmecken und servieren.

Fisch und Meeresfrüchte

Fisch in zahlreichen Varianten und frische Meeresfrüchte zählen zu den beliebtesten Spezialitäten der italienischen Küche.

Vorbereitungszeit **5 Min.** Garzeit **7 Min.**
Gesamtzeit **12 Min.**

Gegrillter Seebarsch

etwas Olivenöl, extra vergine
2 Seebarsche (je 1 kg), filetiert
etwas Salz und Pfeffer
2 halbierte Zitronen

1 Zuerst ein Backblech mit Olivenöl einfetten. Die Filets auf das Blech legen und mit Olivenöl beträufeln. Mit Salz und Pfeffer würzen und unter dem gut vorgeheizten Backofengrill etwa 7 Minuten grillen.

2 Mit geschmorten Saubohnen und Linsen (siehe S. 84) servieren und mit den Zitronenhälften garnieren.

Ein Kochgefäß verwenden, in das die Fischstücke möglichst gut passen: Eine Bratpfanne ist meist am besten geeignet.

Vorbereitungszeit **10 Min.**
Garzeit **15 Min.**
Gesamtzeit **25 Min.**

Schwertfischsteaks in Weißweinsauce mit Tomaten

2 EL Olivenöl
1 rote Zwiebel, gehackt
1 Knoblauchzehe, fein gehackt
2 Stangen Sellerie, gehackt
2 Lorbeerblätter
4 Tomaten, enthäutet und gehackt
1 EL Zucker
300 ml trockener Weißwein
2 EL Oregano, zerstoßen
4 Schwertfischsteaks (je 150–200 g)
etwas Salz und Pfeffer

1 Das Öl in einer Pfanne erhitzen, Zwiebel, Knoblauch und Sellerie hinzufügen und etwa 5 Minuten andünsten.

2 Tomaten, Zucker, Weißwein, Oregano und Lorbeerblätter zugeben, mit Salz und Pfeffer würzen, alles gut vermengen und zum Köcheln bringen.

3 Die Fischsteaks zufügen und etwa 5 Minuten köcheln lassen, dann wenden und für weitere 5 Minuten in der Pfanne lassen. Das Gericht sofort servieren – an heißen Sommertagen schmeckt es auch mit Zimmertempertur.

Vorbereitungszeit **15 Min.** Garzeit **10 Min.** Gesamtzeit **25 Min.**

Frittierte Sardinen

Frische Sardinen haben klare Augen, glänzende Schuppen und dürfen nicht fischig riechen. Falls die Sardinen noch nicht ausgenommen sind, schlitzt man ihre Bauchhöhle mit einem scharfen Messer auf und entfernt mit den Fingern die Eingeweide. Dann den Kopf hinter den Kiemen abschneiden und die Tiere unter fließendem kaltem Wasser waschen. Gut abtropfen lassen und trockentupfen.

Öl zum Frittieren
125 g Mehl
750 g große frische Sardinen
4 EL Olivenöl
5 Schalotten, in Scheiben geschnitten
125 ml Weißweinessig
4 Knoblauchzehen, fein gehackt
etwa 1 Hand voll Minzeblätter, fein gehackt
Saft und abgeriebene Schale von 1 Zitrone
½ TL getrocknete Chilischoten, zerstoßen
etwas Salz und Pfeffer

1 Das Öl zum Frittieren in einer Fritteuse oder einer Frittierpfanne erhitzen. Das Mehl mit etwas Salz und Pfeffer mischen.

2 Die Sardinen im Mehl wenden und im heißen Öl etwa 2 Minuten goldbraun frittieren. Auf Küchenpapier abtropfen lassen und warm halten.

3 1 EL Olivenöl in einer Pfanne erhitzen, die Schalotten hineingeben und etwa 5 Minuten glasig braten. Den Essig zufügen und die Flüssigkeit auf die Hälfte einkochen lassen.

4 Die Sardinen auf einen vorgewärmten Servierteller legen. Das restliche Öl, Knoblauch, Minze, Chilischoten, Zitronensaft und die abgeriebene Schale der Zitrone in die Pfanne geben und 1 Minute kochen lassen. Die Sauce über die Sardinen träufeln, salzen und pfeffern und alles heiß oder lauwarm servieren.

Vorbereitungszeit **5 Min.** Garzeit **15 Min.** Gesamtzeit **20 Min.**

Thunfisch mit getrockneten Tomaten

3 EL Olivenöl
1 rote Zwiebel, fein gehackt
2 Knoblauchzehen, gehackt
1 Zweig Rosmarin, gehackt
75 g Mehl
4 Thunfischsteaks à 150–200 g
125 g getrocknete Tomaten in Olivenöl, gehackt
75 ml Rotwein
1 EL Kapern
75 g schwarze Oliven
etwa 1 Hand voll glattblättrige Petersilie, gehackt
Salz und Pfeffer
1 geviertelte Zitrone

1 1 EL Olivenöl in einer Pfanne erhitzen, Zwiebel, Knoblauch und Rosmarin hinzufügen und etwa 5 Minuten sanft anbraten.

2 Das Mehl mit etwas Salz und Pfeffer mischen. Die Thunfischsteaks gleichmäßig in dem Mehl wenden.

3 2 EL Olivenöl in einer anderen Pfanne erhitzen, die Thunfischsteaks hineingeben und 4–5 Minuten goldbraun braten. Wenden und weitere 4–5 Minuten braten. Die Thunfischsteaks auf Küchenpapier abtropfen lassen und warm halten.

4 Die getrockneten Tomaten zu den Zwiebeln geben und gut umrühren. Auf hoher Temperatur erhitzen. Rotwein, Kapern, Oliven und Petersilie zufügen, mit Salz und Pfeffer würzen und 2 Minuten köcheln lassen. Die Thunfischsteaks mit den Zitronenvierteln garnieren und mit der Sauce servieren.

Vorbereitungszeit **10 Min.**
Garzeit **15 Min.**
Gesamtzeit **25 Min.**

Gegrillte Seebarbe mit Salsa verde

4 Seebarben (je 350–400 g), geputzt
Für die Salsa verde:
125 g Petersilie, gehackt
125 g Basilikum, gehackt
5 Sardellenfilets, grob gehackt
2 EL Kapern
2 Knoblauchzehen, fein gehackt
Saft und abgeriebene Schale von 1 Zitrone
150 ml Olivenöl
etwas Salz und Pfeffer

1 Die Fische auf jeder Seite dreimal tief einschneiden und auf einem eingefetteten Backblech oder in einer flachen feuerfesten Form unter dem sehr heißen Grill auf jeder Seite 6–8 Minuten grillen.

2 Für die Salsa verde Petersilie, Basilikum, Sardellen, Kapern und Knoblauch in einen Mixer geben und zu einer glatten Paste verarbeiten. Den Saft und die abgeriebene Schale der Zitrone zugeben, mit Salz und Pfeffer würzen und noch einmal mixen.

3 Die Fische aus dem Backofen nehmen und in jeden der Einschnitte auf einer Seite der Fische etwas Salsa verde füllen. Servieren. Die restliche Salsa verde in einem kleinen Gefäß dazustellen.

Forelle mit Parmesan und Basilikumsauce

Vorbereitungszeit **10 Min.**
Garzeit **10 Min.**
Gesamtzeit **20 Min.**

4 EL Olivenöl
4 Forellenfilets (je 200 g)
etwa 1 Hand voll Basilikumblätter, grob gehackt
1 Knoblauchzehe, fein gehackt
125 g Parmesan, frisch gerieben
etwas Salz und Pfeffer

1 Zuerst 1 Backblech mit 1 EL Öl einfetten und zum Erhitzen unter den sehr heißen Grill legen.

2 Die Forellenfilets mit Salz und Pfeffer würzen, auf das heiße Backblech legen und etwa 5 Minuten grillen.

3 Das Basilikum und den Knoblauch in eine Rührschüssel geben. Das Olivenöl mit einem Rührbesen oder einem Stabmixer tropfenweise einarbeiten.

4 Den Fisch aus dem Backofen nehmen und den Parmesan darüber streuen. Für weitere 3–5 Minuten unter den Grill legen, bis der Parmesan goldbraun gefärbt ist. Vor dem Servieren die Basilikumsauce über den Fisch träufeln.

Salsa verde, was wörtlich übersetzt grüne Sauce bedeutet, wird traditionell mit Bollito misto serviert, einem norditalienischen Gericht mit gekochtem Geflügel und vielen gekochten Fleischsorten.

Vorbereitungszeit **10 Min.** Garzeit **15 Min.** Gesamtzeit **25 Min.**

Schnelle Fischsuppe

3 EL Olivenöl
2 rote Zwiebeln, fein gewürfelt
2 Knoblauchzehen, fein gehackt
1/2 TL getrocknete Chilischoten, zerstoßen
200 g Tintenfisch, geputzt und in Längsstreifen geschnitten
200 g Miesmuscheln, geputzt
200 g Venusmuscheln, geputzt (siehe S. 32)
300 g Riesengarnelen, roh und ungeschält
150 ml Fischbrühe
150 ml trockener Weißwein
1/2 TL Safran
8 Tomaten, enthäutet und entkernt
1 Lorbeerblatt
1 TL Zucker
500 g Seebarbenfilets, in mundgerechten Stücken
etwa 1 Hand voll glattblättrige Petersilie, gehackt
etwas Salz und Pfeffer

1 Das Öl in einer Pfanne erhitzen, die alle Zutaten aufnehmen kann. Die Zwiebeln und den Knoblauch hinzufügen und 5 Minuten dünsten, dann die Chilischoten zufügen und alles gut vermengen.

2 Den Tintenfisch, die Mies- und die Venusmuscheln sowie die Riesengarnelen zugeben und alles gut verrühren.

3 Fischbrühe, Wein, Safran, Tomaten, Lorbeerblatt und Zucker zufügen und mit Salz und Pfeffer würzen. Die Pfanne bedecken und alles 5 Minuten köcheln lassen. Alle Muscheln entfernen, die sich nicht öffnen.

4 Die Seebarbe zugeben, Petersilie darüber streuen und weitere 5 Minuten köcheln lassen. Mit Bruschetta (siehe S. 20) und einem grünen Salat servieren.

Vorbereitungszeit **5 Min.** Garzeit **25 Min.**
Backofentemperatur **220 °C (Gas Stufe 4)**
Gesamtzeit **30 Min.**

Gebackener Kabeljau mit Kartoffeln

Butter zum Einfetten
375 g Kartoffeln, geschält und in dünne Scheiben geschnitten
Blättchen von 1 Zweig Thymian
4 Kabeljaufilets (je 200 g)
2 EL Oliven, entsteint
2 EL Olivenöl
etwas Salz und Pfeffer

1 Eine flache ofenfeste Form einfetten.

2 Die Kartoffeln schichtweise in die Form legen und jede Schicht mit einigen Thymianblättchen und etwas Salz und Pfeffer bestreuen.

3 Die Filets auf die letzte Schicht Kartoffeln legen, die Oliven hinzufügen, etwas Öl darüber träufeln, mit Salz und Pfeffer würzen und einige Thymianblättchen darüber streuen. Das Gericht auf die mittlere Schiene des vorgeheizten Backofens stellen und bei 220 °C (Gas Stufe 4) etwa 25 Minuten backen. Vor dem Servieren prüfen, ob die Kartoffeln gar sind.

Vorbereitungszeit **5 Min.** Garzeit **25 Min.**
Backofentemperatur **200 °C (Gas Stufe 3)** Gesamtzeit **30 Min.**

Heilbutt in Papierhülle

1 Zuerst 4 Blätter Pergamentpapier so zuschneiden, dass sie jeweils 1 Fischfilet und ein Viertel des Gemüses umhüllen können.

2 Vom Fenchel das Grün sowie die äußeren Blätter entfernen und den Strunk herausschneiden. Die Knolle in Scheiben schneiden und gleichmäßig so auf die Pergamentblätter verteilen, dass der Fenchel auf einer Blatthälfte liegt. Jeweils 1 Fischfilet darauf legen. Schalotten, Oliven und Salbei darüber streuen, mit Salz und Pfeffer würzen und zum Schluss eine Zitronenscheibe darauf legen. Die Pergamenthüllen so zusammenfalten, dass sie fest verschlossen sind. Die Päckchen auf ein Stück Backpapier legen und im vorgeheizten Ofen bei 200 °C (Gas Stufe 3) etwa 25 Minuten garen.

3 Die Päckchen erst bei Tisch öffnen, damit sich das Aroma nicht verflüchtigt.

1 Knolle Fenchel
4 Heilbuttfilets (je 200 g)
2 Schalotten, fein gehackt
8 schwarze Oliven, entsteint
einige Blätter Salbei, grob gehackt
4 Scheiben Zitrone
etwas Salz und Pfeffer

Vorbereitungszeit **10 Min.** Garzeit **15 Min.**
Backofentemperatur **220 °C (Gas Stufe 4)**
Gesamtzeit **25 Min.**

Seeteufel mit Parmaschinken

4 Seeteufelfilets (je 150–200 g)
4 Zweige Rosmarin
8 Scheiben Parmaschinken
3 EL Olivenöl
1 rote Zwiebel, gehackt
1 Knoblauchzehe, fein gehackt
6 Tomaten, enthäutet, entkernt und grob gehackt
1 EL Kapern, grob gehackt
etwa 1 Hand voll glattblättrige Petersilie, grob gehackt
etwas Salz und Pfeffer

1 Den Seeteufel mit Salz und Pfeffer würzen, Rosmarin auf den Fischfilets verteilen und die Schinkenscheiben um die Filets wickeln. Die Fischfilets in eine mit Olivenöl eingefettete Auflaufform legen und im vorgeheizten Ofen bei 220°C (Gas Stufe 4) etwa 15 Minuten garen.

2 Für die Sauce 1 EL Öl in einer Pfanne erhitzen und die Zwiebel und den Knoblauch darin etwa 5 Minuten unter Rühren braten.

3 Die Tomaten und die Kapern dazugeben und alles gut vermischen. 1 EL Öl sowie die Petersilie hinzufügen; alles salzen und pfeffern.

4 Jeweils etwas Sauce über einen Teil der Filets geben und servieren.

Vorbereitungszeit **5 Min.** Garzeit **25 Min.**
Backofentemperatur **230 °C (Gas Stufe 4)** Gesamtzeit **30 Min.**

Kabeljau mit Gemüse

4 Kabeljaufilets (je 175–200 g)
4 Kartoffeln, ungeschält und geviertelt
6 Tomaten, halbiert
1 rote Zwiebel, geviertelt
1 Knolle Fenchel, in Scheiben geschnitten
2 Knoblauchzehen, fein gehackt
75 g schwarze Oliven, entsteint
25 g grüne Oliven, entsteint
25 g Kapern
Saft von 1 Zitrone
3 EL Olivenöl
etwas Salz und Pfeffer
etwas glattblättrige Petersilie, gehackt

1 Kabeljau, Kartoffeln, Tomaten, Zwiebeln, Fenchel und Knoblauch gleichmäßig in einer mit 1 EL Öl eingefetteten Auflaufform verteilen. Die Oliven und die Kapern darauf verteilen, den Zitronensaft darüber träufeln und alles salzen und pfeffern.

2 Das restliche Olivenöl darüber träufeln und die Form für etwa 25 Minuten auf die oberste Schiene des auf 230 °C (Gas Stufe 4) vorgeheizten Backofens stellen.

3 Mit der Petersilie garnieren und mit Focaccia-Brot servieren.

Vorbereitungszeit **5 Min.** Garzeit **25 Min.**
Backofentemperatur **200 °C (Gas Stufe 3)** Gesamtzeit **30 Min.**

Muscheln mit Tomaten-Paprika-Sauce

1 rote Paprika
2 EL Olivenöl
2 rote Zwiebeln, gehackt
2 Knoblauchzehen, fein gehackt
6 Tomaten, enthäutet und gehackt
1/2 EL getrocknete Chilischoten, zerstoßen
125 ml trockener Weißwein
1 kg Miesmuscheln, geputzt
2 EL Kapern
etwa 1 Hand voll glattblättrige Petersilie, grob gehackt
etwas Salz und Pfeffer
Focaccia-Brot

1 Den Stielansatz der Paprika rundum einschneiden und entfernen, dann die Frucht in 4–5 Stücke schneiden und unter dem vorgeheizten Grill etwa 10–12 Minuten rösten, bis die Haut schwärzlich wird. Die Paprika kurz mit einem nassen Tuch bedecken, dann die Haut abziehen und die Paprika grob hacken.

2 Das Öl in einer großen ofenfesten Form erhitzen und die Zwiebeln und den Knoblauch darin 5 Minuten unter Umrühren anbraten, ohne dass sie braun werden.

3 Tomaten, Chilischoten und Weißwein zufügen und die Mischung etwa 5 Minuten zu einer sämigen Sauce einkochen lassen.

4 Die Muscheln und die Kapern zufügen. Salzen und pfeffern. Alles gut mischen und zugedeckt im vorgeheizten Backofen bei 200 °C (Gas Stufe 3) etwa 8 Minuten garen.

5 Die Form aus dem Ofen nehmen. Alle geschlossenen Muscheln entfernen. Die Petersilie hineinrühren und nach Belieben mit warmem Focaccia-Brot servieren.

Vorbereitungszeit **15 Min.** Garzeit **6 Min.** Gesamtzeit **21 Min.**

Tintenfisch mit Chili

1 kg Tintenfisch, kochfertig
2 EL Olivenöl
3 Knoblauchzehen, fein gehackt
1 rote Chilischote, fein gehackt
Saft von 1 Zitrone
etwa 1 Hand voll glattblättrige Petersilie, gehackt
etwas Salz und Pfeffer

1 Die Tintenfische auf der Unterseite aufschlitzen und die Haut vorsichtig kreuzweise einschneiden.

2 Olivenöl, Knoblauch, Chilischote und Zitronensaft in einer Rührschüssel vermengen und die Tintenfische zufügen. Diese in der Marinade wenden, bis sie ganz mit der Flüssigkeit überzogen sind, zudecken und etwa 15 Minuten marinieren.

3 Die Tintenfische aus der Marinade nehmen, diese beiseite stellen. Das Öl in einem Wok oder einer Frittierpfanne stark erhitzen, die Tintenfische hineingeben, mit Salz und Pfeffer würzen und unter Rühren 2–3 Minuten braten. Die Tintenfische dabei einige Sekunden flach gegen den Pfannenboden drücken, damit sie etwas bräunen. Die durchgesiebte Marinade und die Petersilie in die Pfanne geben, gut umrühren und sofort servieren.

Vorbereitungszeit **5 Min.** Garzeit **6 Min.** Gesamtzeit **11 Min.**

Riesengarnelen mit Knoblauch

2 EL Olivenöl
50 g Butter
750 g Riesengarnelen, roh und geschält
1 Schalotte, in Scheiben geschnitten
2 Knoblauchzehen, fein gehackt
75 ml trockener Weißwein
125 g glattblättrige Petersilie, gehackt
125 g Majoran, gehackt
Salz und Pfeffer

Dieses Gericht passt hervorragend zu frischen Eiernudeln, aber auch zu warmem, knusprigem Ciabatta-Brot.

1 Das Öl in eine Pfanne geben, die Butter darin zerlassen. Riesengarnelen, Schalotte und Knoblauch hinzufügen und etwa 5 Minuten anbraten, bis die Garnelen sich rosa färben.

2 Weißwein, Petersilie und Majoran zugeben und mit Salz und Pfeffer würzen. Alles gut vermengen und sofort servieren.

Vorbereitungszeit **10 Min.** Garzeit **5 Min.** Gesamtzeit **15 Min.**

Jakobsmuscheln mit Basilikum und Balsamessig

16 große frische Jakobsmuscheln, geputzt
3 EL Olivenöl
2 Schalotten, fein gehackt
4 EL Balsamessig
etwa 1 Hand voll Basilikum, grob gehackt
etwas Salz und Pfeffer

1 Die Jakobsmuscheln überprüfen und evtl. feuchte braune Stellen mit einem scharfen Messer vorsichtig entfernen.

2 Das Öl in einer großen Pfanne stark erhitzen und darin die Jakobsmuscheln auf jeder Seite etwa 1–2 Minuten braten. Die Schalotten zufügen, 1 Minute braten und die Hitzezufuhr reduzieren. Den Balsamessig zufügen, mit Salz und Pfeffer würzen und die Muscheln im Essig wenden.

3 Das Basilikum über die Muscheln streuen, umrühren und sofort servieren.

Zu diesem Gericht passen die Tintenfische auch optisch gut: Die blassviolette Farbe ihrer Tentakel kontrastiert mit dem frischen Rot der gehackten Chilischote.

Geflügel, Wild und Fleisch

Fleisch bester Qualität und frisches Wild werden in Italien ebenso sehr geschätzt wie zartes, saftiges Geflügel. Die Zubereitungsformen sind vielfältig, doch fast immer wird zum Kochen, Braten und Verfeinern hochwertiges Olivenöl verwendet.

Vorbereitungszeit **10 Min.** Garzeit **20 Min.**
Gesamtzeit **30 Min.**

Huhn nach Bauernart

50 g Butter
2 EL Olivenöl
4 Hähnchenbrustfilets (je 175 g)
1 Zwiebel, gehackt
1/2 kleine Sellerieknolle, gehackt
1 Knoblauchzehe, fein gehackt
1/2 TL getrocknete Chilischoten, zerstoßen
300 ml passierte Tomaten
1 Lorbeerblatt
1 Zweig Thymian
etwa 1 Hand voll Oregano, grob gehackt
etwas Salz und Pfeffer

1 Die Butter mit dem Öl in einer Pfanne erhitzen. Die Hähnchenbrustfilets in das heiße Fett geben und auf jeder Seite etwa 5 Minuten braten, bis sie leicht gebräunt sind.

2 Die Hähnchenbrustfilets aus der Pfanne nehmen und warm halten. Zwiebeln, Sellerie, Knoblauch und Chilischoten in die Pfanne geben und 5 Minuten unter Rühren braten.

3 Tomaten, Lorbeerblatt und Thymian in die Pfanne geben. Mit Salz und Pfeffer würzen und gut umrühren. Die Hähnchenbrustfilets in die Sauce geben und für etwa 10 Minuten köcheln lassen. Direkt vor dem Servieren den Oregano zufügen.

Huhn mit Wildpilzen

Vorbereitungszeit **5 Min.**
Garzeit **25 Min.**
Gesamtzeit **30 Min.**

50 g getrocknete Wildpilze oder 250 g frische, in Scheiben geschnittene Wildpilze
50 g Mehl
4 Hähnchenbrustfilets (je 175 g)
50 g Butter
1 EL Olivenöl
2 Schalotten, gewürfelt
2 Knoblauchzehen, fein gehackt
125 ml trockener Weißwein
125 g Mascarpone
etwa 1 Hand voll Schnittlauch, geschnitten
etwas Salz und Pfeffer

1 Verwendet man getrocknete Pilze, diese in eine Schüssel geben, mit heißem Wasser bedecken und 15 Minuten einweichen.

2 Inzwischen das Mehl mit etwas Salz und Pfeffer vermischen und die Hähnchenbrustfilets im Mehl wenden.

3 Butter und Öl in einer Pfanne erhitzen, die Hähnchenbrustfilets hineingeben und auf jeder Seite 4 Minuten bräunen. Das Fleisch aus der Pfanne nehmen und warm halten.

4 Schalotten und Knoblauch in die Pfanne geben und etwa 5 Minuten bei mittlerer Hitze anbraten. Den Wein zufügen und alles gut verrühren.

5 Den Mascarpone und die Pilze in die Pfanne geben; verwendet man Trockenpilze, das Einweichwasser zufügen, bei frischen Pilzen etwas frisches Wasser zufügen. Alles gut verrühren, damit der Mascarpone schnell schmilzt. Gegebenenfalls die Hitzezufuhr erhöhen, um die Flüssigkeit einzukochen.

6 Das Huhn in die Pfanne geben und 10 Minuten köcheln lassen. Dabei gelegentlich wenden. Zum Schluss den Schnittlauch in die Pfanne geben und sofort servieren.

Vorbereitungszeit **5 Min.**
Garzeit **25 Min.**
Gesamtzeit **30 Min.**

Huhn auf römische Art

4 EL Olivenöl
2 rote Zwiebeln, in Scheiben geschnitten
2 Knoblauchzehen,in Scheiben geschnitten
2 rote und 2 gelbe Paprika, entkernt und in Streifen geschnitten
1/2 TL getrocknete Chilischoten, zerstoßen
8 Hähnchenschenkel, entbeint
100 ml trockener Weißwein
etwa 1 Hand voll Basilikum, grob gehackt
etwas Salz und Pfeffer

1 Das Öl in einer großen Pfanne erhitzen, Zwiebeln, Knoblauch, Paprika und Chilischoten hineingeben und 5 Minuten unter Rühren anbraten.

2 Die Hähnchenschenkel hinzugeben, gegen den Pfannenboden drücken, damit die Fleischporen geschlossen werden, und 5 Minuten braten.

3 Den Wein zufügen, mit Salz und Pfeffer würzen und alles zugedeckt bei niedriger Hitze 15 Minuten köcheln lassen. Darauf achten, dass nichts anbrennt und gegebenenfalls noch etwas Wein hineingeben.

4 Kurz vor dem Servieren Basilikum einrühren.

Vorbereitungszeit (ohne Marinieren) **5 Min.** Garzeit **15 Min.** Gesamtzeit **25 Min.**

Knoblauchhühnchen mit Rosmarin

2 EL Olivenöl
2 EL Weißweinessig
2 EL Rosmarin, gehackt
3 Knoblauchzehen, fein gehackt
1 TL Paprikapulver
abgeriebene Schale von 1 Zitrone
4 Hühnerbrustfilets, in lange dünne Streifen geschnitten
etwa 1 Hand voll glattblättrige Petersilie, gehackt
etwas Salz und Pfeffer

1 Olivenöl, Essig, Rosmarin, Knoblauch, Paprika und Zitronenschale in einer Rührschüssel mischen und mit Salz und Pfeffer würzen. Das Huhn dazugeben, in der Marinade wenden und für 10 Minuten beiseite stellen. Falls das Huhn länger in der Marinade bleiben soll – z. B. über Nacht –, kühl stellen.

2 Das Huhn und die Marinade in eine große Pfanne mit Antihaftbeschichtung geben, gut umrühren und bei mittlerer Hitze unter Rühren etwa 15 Minuten köcheln lassen.

3 Vor dem Servieren die Petersilie unterrühren.

Vorbereitungszeit **10 Min.** Garzeit **20 Min.**
Backofentemperatur **200 °C (Gas Stufe 3)** Gesamtzeit **30 Min.**

Pikante Hähnchenroulade

- 3 Knoblauchzehen, fein gehackt
- 2 EL Kapern
- 4 Sardellenfilets, gehackt
- 1 TL Thymianblättchen
- 1 Schalotte, gehackt
- 175 g schwarze Oliven, entsteint
- 1 EL Olivenöl
- 4 kleine Hähnchenbrustfilets
- etwas Salz und Pfeffer

1 Knoblauch, Kapern, Sardellen, Thymian, Schalotten, Oliven und Olivenöl in einen Mixer geben und zu einer dicken Paste verarbeiten.

2 Die Hähnchenbrustfilets mit einem Fleischklopfer flach klopfen, bis die Fleischstücke etwa doppelt so groß sind wie ursprünglich. Mit Salz und Pfeffer würzen und jedes Hähnchenbrustfilet mit einer dünnen Schicht der Olivenpaste bestreichen.

3 Die Filets aufrollen und die Rouladen mit 2 Holzspießen zusammenhalten. Die Rouladen durchschneiden und in eine mit etwas Öl eingefettete feuerfeste Form legen. Mit Alufolie bedecken und auf der obersten Schiene des vorgeheizten Backofens bei 200 °C (Gas Stufe 3) etwa 20 Minuten garen. Als Beilage eignen sich z. B. Nudeln, die in Olivenöl, fein gehackter Petersilie und frisch geriebenem Parmesan gewendet werden.

Vorbereitungszeit **5 Min.** Garzeit **25 Min.**
Backofentemperatur **200 °C (Gas Stufe 3)**
Gesamtzeit **30 Min.**

Gefüllte Hähnchenbrustfilets

- 4 Hähnchenbrustfilets (je 175 g)
- 125 g Ricotta
- 125 g Spinat, geputzt, blanchiert und ausgedrückt
- 1/4 TL Muskatnuss, frisch gerieben
- 8 Scheiben Parmaschinken
- 2 EL Olivenöl
- etwas Salz und Pfeffer

1 Die Hähnchenbrustfilets längs aufschneiden, sodass sich jeweils eine Tasche bildet. Dabei darauf achten, dass die Fleischstücke nicht ganz durchgeschnitten werden.

2 Den Ricotta mit einer Gabel in einer Rührschüssel zerdrücken. Den Spinat hacken und mit der geriebenen Muskatnuss zum Ricotta geben. Mit Salz und Pfeffer würzen und alles gut vermischen.

3 Die Hähnchenbrustfilets jeweils mit einem Teil der Masse füllen und jedes Filet ganz mit 2 Scheiben Parmaschinken umwickeln.

4 Das Öl in einer flachen ofenfesten Pfanne erhitzen und die Filets darin auf jeder Seite 4 Minuten anbraten, bis der Schinken leicht gebräunt ist. Die Pfanne für etwa 15 Minuten in den auf 200 °C (Gas Stufe 3) vorgeheizten Ofen schieben, bis der Schinken knusprig und das Hähnchenfleisch gar und saftig ist.

Vorbereitungszeit **10 Min.**
Garzeit **20 Min.**
Gesamtzeit **30 Min.**

Hähnchen-roulade mit Mozzarella und Spargel

4 Hähnchenbrustfilets (je 175 g)
4 Scheiben Parmaschinken
4 dünne Scheiben Büffelmozzarella
4 Spargelspitzen
75 g Mehl
1 EL Olivenöl
50 g Butter
50 ml trockener Weißwein
75 ml Hühnerbrühe
etwas Salz und Pfeffer

1 Die Hähnchenbrustfilets mit einem Fleischklopfer flach klopfen, bis die Fleischstücke etwa doppelt so groß sind wie ursprünglich.

2 Die Hähnchenbrustfilets mit Salz und Pfeffer würzen und 1 Scheibe Parmaschinken, 1 Scheibe Mozarella und 1 Spargelspitze auf jedes Fleischstück legen. Die Filets zu einer festen Rolle formen und mit Holzstäbchen oder Küchengarn zusammenhalten.

3 Mit Salz und Pfeffer würzen und die Rouladen im Mehl wenden, sodass sie überall bedeckt sind.

4 Das Olivenöl und die Hälfte der Butter in einer Pfanne erhitzen und die Rouladen darin bei niedriger Hitze etwa 15 Minuten unter mehrmaligem Wenden goldbraun braten.

5 Die Rouladen aus der Pfanne nehmen, auf einen vorgewärmten Servierteller legen und warm halten. Den Wein und die Hühnerbrühe in die Pfanne geben, kurz aufkochen und dann 3 Minuten köcheln lassen.

6 Die restliche Butter in die Pfanne geben und mit einem Schneebesen zu einer Sauce verrühren. Das Küchengarn bzw. die Holzstäbchen entfernen und die Sauce über die Rouladen gießen. Nach Belieben mit gedämpftem Spargel servieren.

Vorbereitungszeit **5 Min.**
Garzeit **10 Min.**
Gesamtzeit **15 Min.**

Hühnerleber mit Marsala und Oregano

75 g Butter
50 g Pancetta oder Bauchspeck, gewürfelt
1 Schalotte, gehackt
1 Knoblauchzehe, fein gehackt
500 g Hühnerleber, bratfertig
175 ml Marsala
1 EL Oregano, gehackt
etwas Salz und Pfeffer

1 Die Hälfte der Butter in einer großen Pfanne zerlassen und Pancetta bzw. Bauchspeck, Schalotten und Knoblauch darin etwa 5 Minuten vorsichtig anbraten. Aus der Pfanne nehmen und beiseite stellen.

2 Die übrige Butter zerlassen, die Hühnerleber dazugeben und bei starker Hitze etwa 3 Minuten braten, bis die Leber außen gleichmäßig gebräunt und innen noch zartrosa ist.

3 Die Schalotten-Speck-Mischung zurück in die Pfanne geben und gut verrühren. Marsala und Oregano zufügen und mit Salz und Pfeffer würzen. Schnell aufkochen lassen und servieren. Dazu passen beispielsweise Tagliatelle in Buttersauce.

Vorbereitungszeit **5 Min.** Garzeit **25 Min.** Gesamtzeit **30 Min.**

Entenbrust in Balsamessig

1 EL Olivenöl
4 Entenbrustfilets
4 EL Balsamessig
75 g Preiselbeeren
50 g brauner Zucker
etwas Salz und Pfeffer

1 Das Olivenöl in einer Pfanne erhitzen und darin bei mittlerer Hitze die Entenbrustfilets mit der Hautseite nach unten etwa 5 Minuten braten. Dann die Hitzezufuhr verringern und weitere 10 Minuten braten. Darauf achten, dass nichts anbrennt.

2 Die Entenbrustfilets wenden und Balsamessig, Preiselbeeren und Zucker zufügen. Mit Salz und Pfeffer würzen und 10 Minuten garen lassen, bis sich die Preiselbeeren mit dem Fleischsaft und dem Balsamessig zu einer sämigen Sauce verbunden haben und die Entenbrustfilets innen zartrosa sind.

3 Die Sauce über die Entenbrustfilets träufeln und danach servieren.

Vorbereitungszeit **10 Min.** Garzeit **20 Min.**
Gesamtzeit **30 Min.**

Gegrilltes Perlhuhn mit Kräutersauce

4 Perlhuhnbrustfilets
2 EL Olivenöl
etwas Salz und Pfeffer
Für die Kräutersauce:
3 Knoblauchzehen, fein gehackt
4 Sardellenfilets, gehackt
etwa 1 Hand voll glattblättrige Petersilie
etwa 1 Hand voll Rucola
etwa 1 Hand voll Sauerampfer
etwa 1 Hand voll Basilikum
Saft von 1/2 Zitrone
125 ml Olivenöl, extra vergine

1 Die Filets mit der Hautseite nach oben in eine eingefettete flache, feuerfeste Form legen, mit etwas Olivenöl bestreichen und mit Salz und Pfeffer würzen. Unter dem vorgeheizten Grill auf jeder Seite etwa 10 Minuten bräunen und dabei darauf achten, dass nichts anbrennt.

2 Inzwischen die Kräutersauce zubereiten. Knoblauch, Sardellen, Petersilie, Rucola, Sauerampfer, Basilikum und Zitronensaft in einem Mixer 1 Minute lang vermengen. Das Olivenöl bei laufendem Mixer erst tropfenweise und dann in einem dünnen Strahl hinzufügen, bis sich eine aromatische, sämige Sauce bildet. Zum Schluss mit Salz und Pfeffer würzen und noch einmal mixen.

3 Das knusprig braune Perlhuhn mit etwas Kräutersauce servieren. Die restliche Sauce in einem extra Schälchen auf den Tisch stellen.

Die Kräutersauce schmeckt frisch am besten, sie kann aber auch am Tag zuvor zubereitet werden.

Vorbereitungszeit **5 Min.** Garzeit **20 Min.** Gesamtzeit **25 Min.**

Geschmorte Ringeltaube

75 g Mehl
8 Ringeltaubenbrüste, gehäutet
2 EL Olivenöl
1 rote Zwiebel, gehackt
2 Knoblauchzehen, fein gehackt
3 Stangen Sellerie, gehackt
250 ml Rotwein
abgeriebene Schale von
1 unbehandelten Orange
1 Thymianzweig
1 Rosmarinzweig
1 Lorbeerblatt
1/2 TL Zimtpulver
2 TL Wacholderbeeren, zerdrückt
200 g rotes Johannisbeergelee
etwa 1 Hand voll Blattpetersilie, gehackt
etwas Salz und Pfeffer

1 Das Mehl mit etwas Salz und Pfeffer mischen. Die Ringeltaubenbrüste in dem Mehl wenden, sodass sie gleichmäßig bedeckt sind.

2 Das Öl in einer Pfanne erhitzen und die Ringeltaubenbrüste darin auf jeder Seite 2 Minuten braten. Herausnehmen und beiseite stellen.

3 Zwiebel, Knoblauch und Selleriestange hinzufügen und 5 Minuten anbraten. Die Hitzezufuhr erhöhen, den Rotwein zugießen, gut umrühren und dabei den Bratensatz vom Pfannenboden lösen.

4 Orangenschale, Thymian, Rosmarin, Lorbeerblatt, Zimt, Wacholderbeeren und Johannisbeergelee dazugeben. Mit Salz und Pfeffer würzen. Die Ringeltaubenbrüste zurück in die Pfanne geben und mit der Sauce überziehen. Dann 10 Minuten köcheln lassen.

5 Die Ringeltaubenbrüste aus der Pfanne nehmen und warm halten. Die Hitze erhöhen und die Flüssigkeit zu einer sämigen Sauce einkochen lassen. Vor dem Servieren die Ringeltaubenbrüste noch einmal in die Pfanne geben, mit der Sauce überziehen und die Blattpetersilie darüber streuen.

Vorbereitungszeit **5 Min.** Garzeit **25 Min.** Gesamtzeit **30 Min.**

Wachteln mit Artischockenherzen

75 g Mehl
4 bratfertige halbierte Wachteln (je 250 g)
2 EL OLivenöl
1 Zwiebel, gehackt
2 Stangen Sellerie, gehackt
2 Knoblauchzehen, fein gehackt
300 ml Weißwein
etwa 1 Hand voll Salbei, gehackt
400 g Artischockenherzen, vorbereitet oder aus der Dose
etwas Salz und Pfeffer

1 Das Mehl auf die Arbeitsfläche geben, mit Salz und Pfeffer würzen und die Wachteln darin wenden.

2 Das Öl in einer Pfanne erhitzen und die Wachteln darin auf allen Seiten kurz anbraten, bis sie gleichmäßig gebräunt sind. Herausnehmen und warm halten.

3 Zwiebel, Sellerie und Knoblauch zufügen und 3 Minuten anbraten. Den Wein hineinrühren und dabei den Bratensatz vom Pfannenboden lösen.

4 Die Wachteln wieder in die Pfanne geben, Salbei und Artischockenherzen zufügen. Gut salzen und pfeffern. Zugedeckt 20 Minuten köcheln lassen und dabei die Wachteln mehrmals wenden. Mit frischen Nudeln in Buttersauce servieren.

Wenn Sie die Wachteln nicht selbst vorbereiten wollen, bitten Sie den Metzger, die Tiere zu häuten, zu halbieren und das Rückgrat zu entfernen.

Wer möchte, kann das Kaninchen mit frischen Pappardelle servieren. Dies ist die traditionelle Pasta, die mit Wild serviert wird.

Vorbereitungszeit **5 Min.** Garzeit **25 Min.**
Gesamtzeit **30 Min.**

Kaninchen mit Salbei

2 EL Olivenöl
1 Kaninchen, in 8 Stücke geteilt
etwa 1 Hand voll Salbei
etwa 1 Hand voll Rosmarin
150 ml trockener Weißwein
1 EL Dijonsenf
etwas Salz und Pfeffer
etwa 1 Hand voll glattblättrige Petersilie, grob gehackt

1 Das Öl in einer Pfanne erhitzen und die Kaninchenstücke darin gleichmäßig anbraten, bis sie gebräunt sind.

2 Mit Salz und Pfeffer würzen. Salbei, Rosmarin, Wein und Senf zufügen, alles gut umrühren und die Kaninchenstücke mit der Sauce bedecken. Das Ganze etwa 20 Minuten köcheln lassen und dabei das Fleisch mehrmals wenden.

3 Vor dem Servieren die Petersilie über die Kaninchenstücke streuen.

Vorbereitungszeit **5 Min.** Garzeit **25 Min.**
Gesamtzeit **30 Min.**

Kaninchen süßsauer

75 g Mehl
1 Kaninchen, in 8 Stücke geteilt
2 EL Olivenöl
1 Zwiebel, gewürfelt
1 Knoblauchzehe, fein gehackt
300 ml Rotwein
1 Zweig Rosmarin
4 EL Balsamessig
1 EL brauner Zucker
2 EL Sultaninen
2 EL Pinienkerne, geröstet
2 EL schwarze Oliven, entsteint und grob gehackt
etwas Salz und Pfeffer

1 Das Mehl mit etwas Salz und Pfeffer vermischen. Das Kaninchen in dem Mehl wenden.

2 Das Öl in einer großen Pfanne erhitzen und die Kaninchenstücke darin von allen Seiten braten, bis sie braun sind. Aus der Pfanne nehmen und beiseite stellen.

3 Zwiebel und Knoblauch in die Pfanne geben und bei mittlerer Hitze unter Rühren andünsten, ohne sie zu bräunen.

4 Das Kaninchen wieder in die Pfanne geben, den Rotwein hineingießen und Rosmarin, Essig, Zucker und Sultaninen zugeben. Mit Salz und Pfeffer abschmecken. Das Kaninchen mit der Sauce bedecken und 20 Minuten unter mehrmaligem Wenden köcheln lassen.

5 Kurz vor dem Servieren die Pinienkerne und die Oliven zugeben und zum Vermischen gut rühren.

Vorbereitungszeit **10 Min.**
Garzeit **15 Min.**
Gesamtzeit **25 Min.**

Gegrilltes Rehfilet

4 Rehfiletsteaks (je 175 g)
2 EL Olivenöl
1 Schalotte, fein gehackt
2 Knoblauchzehen, fein gehackt
250 ml Rotwein
4 Gewürznelken
1 Stange Zimt
abgeriebene Schale von 1 unbehandelten Orange
10 Wacholderbeeren, zerstoßen
3 EL rotes Johannisbeergelee
etwas Salz und Pfeffer

1 Die Rehfiletsteaks mit dem Olivenöl bestreichen und mit Salz und Pfeffer würzen.

2 Das Öl in einer Pfanne erhitzen und die Schalotte und den Knoblauch darin 3 Minuten anbraten. Wein, Gewürznelken, Zimt, Orangenschale, Wacholderbeeren und Johannisbeergelee zufügen und zu einer sämigen Sauce einkochen lassen.

3 Inzwischen die Steaks unter dem vorgeheizten Grill auf jeder Seite 6 Minuten grillen.

4 Vor dem Servieren passierte Sauce über das Fleisch träufeln. Dazu passt Polenta mit Dolcelatte und Mascarpone (siehe S. 54).

Vorbereitungszeit **5 Min.** Garzeit **25 Min.**
Backofentemperatur **230 °C (Gas Stufe 4)**
Gesamtzeit **30 Min.**

Schweinefilet mit Fenchel

1 großer Rosmarinzweig
3 Knoblauchzehen
750 g Schweinefilet
4 EL Olivenöl
2 Knollen Fenchel, geputzt, vorbereitet und in Stücke geschnitten
150 ml Weißwein
75 g Mascarpone
etwas Salz und Pfeffer
ein paar kleine Rosmarinzweige

1 Den großen Rosmarinzweig in kleine Stücke und den Knoblauch in Scheibchen schneiden. Das Filet mit kleinen Löchern versehen und diese mit Rosmarin und Knoblauch füllen.

2 In einer Pfanne 2 EL Öl erhitzen und das Filet 5 Minuten gleichmäßig anbraten.

3 Eine flache Auflaufform einfetten, Fenchel hineingeben und mit 2 EL Öl beträufeln. Das Fleisch darauf legen, salzen und pfeffern und im vorgeheizten Ofen bei 230 °C (Gas Stufe 4) 20 Minuten garen.

4 Den Wein in die Pfanne gießen und auf die Hälfte einkochen lassen. Den Mascarpone zufügen, mit Salz und Pfeffer würzen und gut umrühren.

5 Das Filet in Scheiben schneiden und mit dem Fenchel auf einer vorgewärmten Platte arrangieren. Die Auflaufform auf eine heiße Herdplatte stellen, die Sauce hineingießen, den Bratensatz lösen und mit der Sauce vermengen. Die Sauce über das Fleisch und den Fenchel gießen. Mit Rosmarin garnieren.

Vorbereitungszeit **5 Min. (plus Marinierzeit)**
Garzeit **10 Min.** Gesamtzeit **15 Min.**

Lammkoteletts mit Rosmarin und Zitrone

1 Rosmarinzweig, fein gehackt
1 EL Olivenöl
abgeriebene Schale und Saft von 1 Zitrone
8 Lammkoteletts
etwas Salz und Pfeffer

Der Grill muss sehr heiß sein, damit die Fleischporen sich schnell schließen und das Fleisch außen braun wird und innen rosa bleibt.

1 Rosmarin, Öl, Zitronenschale und -saft in einer flachen Schüssel mischen und mit Salz und Pfeffer würzen. Die Lammkoteletts 10 Minuten in der Mischung marinieren.

2 Die Lammkoteletts auf die Fettpfanne oder in eine flache ofenfeste Form legen, mit der Marinade beträufeln und unter dem vorgeheizten Grill auf jeder Seite 5 Minuten grillen. Dazu passt cremige Polenta mit Dolcelatte und Mascarpone (siehe S. 54).

Dünne grüne Bohnen, 2 Minuten in heißem Wasser blanchiert, sind eine delikate Beilage für das Schweinefilet mit Fenchel.

Vorbereitungszeit **10 Min.** Garzeit **10 Min.** Gesamtzeit **20 Min.**

Lammkoteletts mit Parmesan

75 g Mehl
8 Lammkoteletts, vorbereitet
50 g Parmesan, frisch gerieben
50 g Semmelbrösel
2 frische Eier, verquirlt
2 EL Olivenöl
etwas Salz und Pfeffer
1 Zitrone, geviertelt

1 Das Mehl mit etwas Salz und Pfeffer mischen. Die Lammkoteletts gleichmäßig in dem Mehl wenden. Den Parmesan und die Semmelbrösel vermengen und die Mischung mit Salz und Pfeffer würzen.

2 Die Lammkoteletts erst in dem verquirlten Ei, dann in der Parmesanmischung wenden, sodass sie gleichmäßig bedeckt sind.

3 Das Öl in einer Pfanne erhitzen und die Lammkoteletts darin auf jeder Seite etwa 4 Minuten braten, bis sie braun sind. Beim Wenden darauf achten, dass sich die Panade nicht löst, deshalb am besten eine Palette dazu verwenden.

4 Sofort mit den Zitronenvierteln servieren.

Vorbereitungszeit **10 Min.** Garzeit **8 Min.** Gesamtzeit **18 Min.**

Rinderfiletsteaks in Parmaschinken

etwa 1 Hand voll Majoran, gehackt
2 Knoblauchzehen, fein gehackt
4 Rinderfiletsteaks (je 175 g)
8 Scheiben Parmaschinken
125 g Büffelmozzarella, in 4 Scheiben geschnitten
etwas Salz und Pfeffer

1 Majoran und Knoblauch mischen und mit Salz und Pfeffer würzen. Die Steaks in der Mischung wenden und dann vollständig mit dem Parmaschinken umwickeln.

2 Die Steaks auf den eingefetteten Bratrost legen und auf der obersten Schiene unter den vorgeheizten, sehr heißen Grill legen. Sollen die Steaks blutig sein, pro Seite 3 Minuten grillen, sollen sie medium sein, pro Seite 6 Minuten grillen, und wenn sie durch sein sollen, pro Seite 8 Minuten grillen.

3 Auf jedes Filetsteak eine Scheibe Mozzarella legen und den Käse unter dem Grill schmelzen und bräunen.

4 Die Steaks aus dem Ofen nehmen, mit Alufolie bedecken und vor dem Servieren 5 Minuten ruhen lassen.

Vorbereitungszeit **10 Min.** Garzeit **10 Min.** Gesamtzeit **20 Min.**

Panierte Kalbsschnitzel mit Parmaschinken und Parmesan

1 Die Kalbsschnitzel flach klopfen und mit Salz und Pfeffer würzen.

2 Die Schnitzel erst im Mehl, dann im verquirlten Ei und schließlich in den Semmelbröseln wenden, bis sie gleichmäßig bedeckt sind.

3 Die Butter in einer großen Pfanne zerlassen. Wenn sie zu schäumen beginnt, die Kalbsschnitzel hineingeben und auf jeder Seite 1–2 Minuten goldbraun braten.

4 Eine Scheibe Parmaschinken auf jedes Kalbsschnitzel geben und den Parmesan darüber streuen. Die Schnitzel in eine gefettete flache feuerfeste Form legen und für 4–5 Minuten unter den vorgeheizten sehr heißen Grill schieben, bis der Parmesan gebräunt ist.

5 Die Kalbsschnitzel mit Petersilie bestreuen und mit den Zitronenvierteln servieren.

4 Kalbsschnitzel (je 175 g)
75 g Mehl
2 frische Eier, verquirlt
175 g Semmelbrösel
75 g Butter
50 g Parmaschinken
50 g Parmesan, frisch gerieben
etwas Salz und Pfeffer
etwa 1 Hand voll glattblättrige Petersilie, gehackt
1 Zitrone, geviertelt

Vorbereitungszeit **10 Min.**
Garzeit **10 Min.**
Gesamtzeit **20 Min.**

Kalbsschnitzel mit Zitrone

75 g Mehl
4 Kalbsschnitzel (je 175 g)
50 g Butter
1 EL Olivenöl
75 g Pinienkerne
abgeriebene Schale und Saft von 1 unbehandelten Zitrone
75 ml Hühnerbrühe
etwa 1 Hand voll Petersilie, fein gehackt
etwas Salz und Pfeffer

1 Das Mehl mit Salz und Pfeffer würzen. Die Kalbsschnitzel im Mehl wenden, sodass sie gleichmäßig bedeckt sind.

2 Die Butter und das Öl in einer großen Pfanne erhitzen. Wenn das Fett zu schäumen beginnt, die Schnitzel darin auf jeder Seite etwa 3 Minuten goldbraun braten.

3 Die Pinienkerne dazugeben und unter Rühren rösten.

4 Zitronenschale und -saft zufügen, Hühnerbrühe und Petersilie dazugeben und mit Salz und Pfeffer würzen. Alles gut verrühren, aufkochen lassen und sofort servieren. Dazu passt Risotto auf Mailänder Art (siehe S. 40).

Es empfiehlt sich, die Zutaten für die Gremolata sehr fein zu hacken oder zu reiben, damit sich diese typisch italienische Würzkombination besser mischen lässt.

Vorbereitungszeit **5 Min.** Garzeit **25 Min.**
Backofentemperatur **200 °C (Gas Stufe 3)** Gesamtzeit **30 Min.**

Kalbskoteletts mit Gremolata

4 dünne Kalbskoteletts
75 g Mehl mit etwas Salz und Pfeffer vermischt
50 g Butter
1 EL Olivenöl
2 Zwiebeln, gehackt
2 Knoblauchzehen, fein gehackt
2 Stangen Sellerie, gehackt
1 Karotte, gehackt
2 Lorbeerblätter
6 Tomaten, enthäutet, entkernt und gehackt
125 ml Hühnerbrühe
125 ml trockener Weißwein
etwas Salz und Pfeffer

Für die Gremolata:
2 EL Petersilie, fein gehackt
1 EL Salbei, fein gehackt
Schale von 3 unbehandelten Zitronen, fein abgerieben
3 große Knoblauchzehen, fein gehackt

1 Die Kalbskoteletts im gewürzten Mehl wenden. Butter und Öl in einer feuerfesten Pfanne erhitzen, die Koteletts zufügen und auf jeder Seite braten, bis sie gebräunt sind. Aus der Pfanne nehmen und warm halten.

2 Zwiebeln, Knoblauch, Sellerie und Karotte in die Pfanne geben und etwa 3 Minuten anbraten.

3 Lorbeerblätter, Tomaten, Hühnerbrühe, Wein sowie etwas Salz und Pfeffer hineinrühren und kurz aufkochen lassen. Die Koteletts wieder in die Pfanne geben und mit der Sauce überziehen. Die Pfanne bedecken und 20 Minuten bei 200 °C (Gas Stufe 3) in den vorgeheizten Backofen stellen.

4 Inzwischen die Gremolata zubereiten. Dazu Petersilie, Salbei, Zitronenschale und Knoblauch gut vermischen.

5 Die Koteletts auf einer vorgewärmten Platte warm halten. Die Sauce stark erhitzen, evtl. etwas einkochen lassen und über die Koteletts geben. Etwas Gremolata darüber streuen.

Vorbereitungszeit **10 Min.** Garzeit **15 Min.**
Gesamtzeit **25 Min.**

Kalbsleber venezianisch

1 Die Hälfte der Butter und die Hälfte des Öls in einer großen Pfanne erhitzen und die Zwiebeln darin 10 Minuten glasig braten. Aus der Pfanne nehmen und beiseite stellen.

2 Die Kalbsleber auf beiden Seiten mit Salz und Pfeffer würzen.

3 Die restliche Butter und das restliche Öl in die Pfanne geben. Wenn das Fett zu schäumen beginnt, die Leber hineingeben und bei großer Hitze unter häufigem Wenden etwa 4 Minuten braten. Falls die Leber in der Mitte noch zu rötlich ist, etwas länger braten. Die Leber herausnehmen und auf eine vorgewärmte Platte geben.

4 Die Pfanne kurz heiß werden lassen, den Wein zugeben und die Zwiebeln zurück in die Pfanne geben. 1 Minute stark köcheln lassen, um die Sauce einzukochen. Die Petersilie hineinrühren, die Sauce über die Leber geben und sofort servieren.

50 g Butter
2 EL Olivenöl
2 Zwiebeln, in Scheiben geschnitten
700 g Kalbsleber, in dünne Scheiben geschnitten
125 ml Rotwein
1 EL Blattpetersilie, fein gehackt
etwas Salz und Pfeffer

Desserts

Dieses Kapitel enthält neben einigen klassischen italienischen Desserts auch so ungewöhnliche neue Rezeptideen wie das Schokoladenrisotto.

Vorbereitungszeit **15 Min. (plus Kühlzeit)** Gesamtzeit **15 Min.**

Tiramisu mit Himbeeren

4 EL extra starker Espresso
2 EL Grappa oder Weinbrand
10 Löffelbiskuits
125 g Himbeeren
175 g Mascarpone
2 frische Eier, getrennt
50 g Puderzucker
25 g Schokolade, zartbitter

Tiramisu bereitet man am besten am Vortag zu, sodass sie ziehen kann.

1 Den Espresso mit dem Grappa oder Weinbrand vermengen. Die Löffelbiskuits in die Flüssigkeit tupfen, sodass sie sich gleichmäßig vollsaugen. Die Biskuits nebeneinander in eine flache Form legen und die restliche Flüssigkeit darüber gießen. Die Himbeeren gleichmäßig über die Löffelbiskuits verteilen.

2 Mascarpone, Eigelbe und Puderzucker in einer Schüssel vermengen, bis eine cremige Masse entsteht.

3 Die Eiweiße in einer anderen Schüssel steif schlagen. Den Eischnee unter die Mascarponemischung heben.

4 Die Masse auf die Löffelbiskuits geben und die Oberfläche glatt streichen. Zum Schluss die Schokolade direkt über die Masse raspeln. Das Ganze bedecken und etwa 4 Stunden kühl stellen, bis die Tiramisu durchgezogen ist.

Vorbereitungszeit **5 Min.**
Garzeit **10 Min.**
Gesamtzeit **15 Min.**

Zabaione

4 Eigelbe
75 g Zucker (zusätzlich etwas zum Bestreuen)
geriebene Schale von 1/2 Zitrone
1/2 TL Zimtpulver (zusätzlich etwas zum Dekorieren)
1 Tropfen Vanilleextrakt
150 ml Marsala
125 g Früchte (z. B. Pfirsiche, Aprikosen, Beeren), in Scheiben geschnitten

1 Eigelbe, Zucker, Zitronenschale, Zimtpulver und Vanilleextrakt in eine hitzebeständige Schale geben und mit dem Handrührgerät zu einer dicken, hellen Creme aufschlagen.

2 Die Schüssel über einen Topf mit köchelndem Wasser hängen und die Masse weiter schlagen. Langsam den Marsala zugießen und schlagen, bis die Masse warm, schaumig und dick ist.

3 Die Ränder von 4 Gläsern zunächst in Wasser, dann in Zucker tupfen, um sie zu dekorieren. Die Früchte auf die Gläser verteilen, dann die Zabaione hineinlöffeln. Mit Zimtpulver garniert servieren.

Vorbereitungszeit **10 Min.** Garzeit **10 Min.** Gesamtzeit **20 Min.**

Italienische Kleinigkeit

1 Die Löffelbiskuits mit der Konfitüre bestreichen und in einer gläsernen Servierschüssel arrangieren. Marsala bzw. Sherry darüber träufeln und die Hälfte der Heidelbeeren darauf verteilen.

2 Etwas Milch mit dem Stärkemehl zu einer weichen Paste verarbeiten. Die Paste in die restliche Milch einrühren. Alles in einem Topf unter ständigem Rühren aufkochen lassen, bis die Milch dick wird; sobald sie kocht und glatt ist, den Topf vom Herd nehmen.

3 Eigelbe und Zucker in einer großen Schüssel leicht und cremig schlagen. Die eingedickte Milch unter ständigem Schlagen zu der Eimischung geben. Alles gut vermengen und über die Heidelbeeren geben, dann die restlichen Beeren zufügen. Zum Kühlen beiseite stellen.

4 Die Sahne leicht schlagen und über das Dessert geben. Abschließend die Schokoladenraspel darüber streuen.

Dieses Dessert bereitet man am besten am Vorabend zu, damit sich alle Aromen verbinden können.

8 Löffelbiskuits
2 TL Heidelbeerkonfitüre
50 ml Marsala oder Sherry
250 g Heidelbeeren
300 ml Milch
1 EL Stärkemehl
2 frische Eigelb
2 TL Zucker
300 g Sahne
50 g Schokolade, geraspelt

Vorbereitungszeit **10 Min. plus Gefrierzeit** Gesamtzeit **10 Min.**

Blutorangen Granita

1 Mit einem scharfen Messer oben und unten die Kappen der Orangen abschneiden, dann die Schale samt weißer Haut entfernen. Über einer Schüssel arbeiten, um den Saft aufzufangen. Die Orangen filetieren und aus den Abfällen möglichst allen Saft auspressen.

2 Den Saft in einen Topf sieben, den Zucker zugeben und alles so lange erhitzen, bis der Zucker aufgelöst ist.

3 Das Orangenfleisch in einen Mixer geben und zu einer glatten Masse verarbeiten. Den Saft unterrühren und das Ganze in eine Eiswürfelschale gießen.

4 Bevor man die Granita serviert, die Servierteller kurz im Gefrierfach kühlen. Zum Servieren die Eiswürfel aus dem Gefrierfach nehmen, in den Mixer geben und etwa 30 Sekunden pürieren. Die Granita auf die Servierteller verteilen und sofort servieren.

1 kg Blutorangen
250 g Zucker

Vorbereitungszeit **5 Min.** Backzeit **25 Min.**
Ofentemperatur **180 °C (Gas Stufe 2)** Gesamtzeit **30 Min.**

Panettonecreme

50 g Butter
5 Stücke Panettone
etwas Aprikosenkonfitüre
250 ml Milch
250 g Sahne
2 frische Eier
1 frisches Eigelb
50 g brauner Zucker (und etwas für die Kruste)

1 Eine ofenfeste Form (1,2 l) mit Butter einfetten. Die Panettonestücke mit der Aprikosenkonfitüre bestreichen und in Drei- oder Rechtecke schneiden. Die Stücke in die Form legen, am besten überlappend.

2 Milch und Sahne in einem Topf langsam zum Kochen bringen.

3 Eier, Eigelb und Zucker in einer Schüssel zu einer cremigen und lockeren Masse verschlagen. Weiterschlagen und dabei die heiße Milch-Sahne-Mischung zugeben. Die Masse vorsichtig über den Panettone gießen, sodass er ganz von der Creme bedeckt ist. Etwas Zucker darüber streuen, damit eine knusprige Kruste entsteht.

4 Kochendes Wasser in einen Bräter füllen, die ofenfeste Form mit der Panettonecreme hineinstellen und im vorgeheizten Ofen bei 180 °C (Gas Stufe 2) 25 Minuten backen, bis die Creme fest ist.

Vorbereitungszeit **10 Min.**
Garzeit **10 Min.**
Gesamtzeit **20 Min.**

Orangen-Ananas-Karamell

4 Orangen
175 g Zucker
125 ml Wasser
1 kleine Ananas

1 Mit einem scharfen Messer 2 Orangen schälen und die Schale in sehr feine Streifen schneiden. Die Streifen in einen Topf mit kochendem Wasser geben und 2 Minuten köcheln lassen. Abgießen und gut abtropfen lassen.

2 Zucker und Wasser in einem Topf vorsichtig erhitzen, den Topf dabei ständig schwenken, bis der Zucker aufgelöst ist. Die Hitzezufuhr erhöhen und den Sirup kochen, bis er goldbraun ist. Vorsicht – den Karamell nicht zu lange auf dem Herd lassen! Er erreicht eine sehr hohe Temperatur und bräunt auch ohne Hitzezufuhr nach! Wenn er zu dunkel wird, vorsichtig 2 EL Wasser zugeben. Dabei vom Herd zurücktreten, um keine Spritzer abzubekommen. Den fertigen Karamell zur Seite stellen.

3 Die Kappen der Orangen oben und unten abschneiden und die Orangen auf eine der Schnittflächen stellen. Mit einem Messer Schale und weiße Haut vollständig wegschneiden. Die geschälten Orangen quer in 6–7 Scheiben schneiden.

4 Blatt- und Strunkende der Ananas abschneiden und die Schale von oben nach unten wegschneiden. Darauf achten, dass auch die „Augen" entfernt werden. Die Frucht vierteln, die harte Mitte entfernen. In Stücke schneiden.

5 In eine ofenfeste Form abwechselnd Orangen- und Ananasfleisch schichten. Die Orangenschale darüber streuen, den Karamell darüber gießen und alles bis zum Servieren beiseite stellen.

Dieses Dessert sollte man – das Backen ausgenommen – am Vortag vorbereiten und dann kühl stellen. Der Panettone kann die Creme dann besser aufnehmen.

Vorbereitungszeit **5 Min.** Backzeit **25 Min.**
Ofentemperatur **180 °C (Gas Stufe 2)** Gesamtzeit **30 Min.**

Zitronenpolentakuchen

Für den Teig:
175 g Butter
175 g Zucker
125 g Mandeln, gemahlen
50 g Mandelblätter
1/2 TL Vanilleextrakt
2 frische Eier
fein geriebene Schale und Saft von 1 Zitrone
75 g Maismehl
1/2 TL Backpulver
etwas Sahne
Für den Sirup:
geriebene Schale und Saft von 2 Zitronen
50 g Zucker
2 EL Wasser

1 Eine Kastenform (15 cm lang) mit Backpapier auslegen.

2 Butter und Zucker zu einer lockeren, cremigen Masse verschlagen. Mandeln, Vanilleextrakt und Eier zugeben und alles gut vermengen. Zitronenschale und -saft, Maismehl und Backpulver zugeben und gut vermengen. Den Teig mit einem Löffel in die vorbereitete Form geben und im vorgeheizten Ofen bei 180 °C (Gas Stufe 2) etwa 25 Minuten lang backen.

3 Inzwischen den Sirup zubereiten. Zitronenschale und -saft, Zucker und Wasser in einem Topf erhitzen. Den Sirup mit einem Löffel über dem Kuchen verteilen, sobald er aus dem Ofen kommt (der Sirup soll einsickern). Den Kuchen heiß oder kalt mit Sahne servieren.

Vorbereitungszeit **10 Min.** Garzeit **12 Min.**
Ofentemperatur **220 °C (Gas Stufe 4)**
Gesamtzeit **22 Min.**

Mandelsoufflés

1 EL Butter (zusätzlich etwas zum Einfetten)
2 EL Mehl (zusätzlich etwas zum Bestäuben)
200 ml Milch
75 g Mandeln, gemahlen
3 frische Eier, getrennt
2 EL Zucker
75 ml Amaretto di Saronno
4 Makronen, zerstoßen
etwas Puderzucker

1 4 kleine Souffléformen einfetten und mit Mehl bestäuben.

2 In einem Topf die Butter zerlassen und mit dem Mehl zu einer weichen Paste verrühren. Unter Rühren langsam die Milch zugießen, sodass eine Sauce entsteht. Mandeln und Eigelbe zugeben; alles gut und schnell vermischen. Den Topf vom Herd nehmen. Zucker und Amaretto unterrühren.

3 Die Eiweiße steif schlagen. Zuerst den Eischnee unter die Mandelsauce heben und dann die zerstoßenen Makronen unter die Masse heben.

4 Die Masse auf die Souffléformen verteilen und im vorgeheizten Ofen bei 220 °C (Gas Stufe 4) etwa 12 Minuten backen. Mit Puderzucker bestreuen und sofort servieren.

Vorbereitungszeit **5 Min.** Backzeit **15 Min.**
Ofentemperatur **200 °C (Gas Stufe 3)** Gesamtzeit **20 Min.**

Gebackene Pfirsiche mit Mandeln und Honig

50 g Butter (zusätzlich etwas zum Einfetten)
4 große reife Pfirsiche, halbiert und entsteint
50 g Mandelblättchen
4 EL Honig
etwas Zimtpulver
etwas Crème fraîche

1 Eine flache Backform einfetten, die groß genug ist, dass man 8 Pfirsichhälften nebeneinander legen kann.

2 Die Pfirsichhälften mit der Schnittfläche nach oben hineinlegen. Mit der Butter betupfen, die Mandeln darüber streuen, mit dem Honig beträufeln und mit dem Zimtpulver bestäuben.

3 Die Pfirsiche auf oberer Einschubhöhe im vorgeheizten Ofen bei 200 °C (Gas Stufe 3) 10–15 Minuten backen. Wenn man die Mandeln leicht braun werden lässt, sorgt dies für etwas Farbe.

4 Die Pfirsiche mit dem Backsaft beträufeln und mit einem Löffel Crème fraîche servieren.

Vorbereitungszeit **5 Min.** Garzeit **20 Min.** Gesamtzeit **25 Min.**

Pochierte Birnen mit Honig und Zimt

Schale und Saft von 1 Zitrone
450 ml Rotwein
150 ml Wasser
5 EL Honig
1 Muskatblüte
1 Zimtstange
6 Gewürznelken
4 reife Birnen, geschält
etwas Jogurt

1 Zitronenschale und -saft, Rotwein, Wasser, Honig, Muskatblüte, Zimt und Gewürznelken in einen Topf geben und schwach aufkochen lassen.

2 Die Birnen zugeben und etwa 10 Minuten unter gelegentlichem Wenden gar ziehen lassen.

3 Die Birnen mit einem Schaumlöffel aus dem Topf heben und beiseite stellen. Die Flüssigkeit in einen größeren Topf gießen und bei großer Hitze durchkochen, bis sie zu einem kräftigen, dicken, klebrigen Sirup eingekocht ist. Den Sirup über die Birnen geben und mit Jogurt servieren.

Vorbereitungszeit **10 Min.** Backzeit **15 Min.**
Ofentemperatur **180 °C (Gas Stufe 2)**
Gesamtzeit **25 Min.**

Mandelmakronen

Die Makronen eignen sich gut als Kaffeegebäck. In einem luftdichten Gefäß kann man sie bis zu 10 Tage aufbewahren.

125 g Mandeln, gemahlen
150 g Zucker
2 Eiweiß von großen Eiern
1/2 TL Mandelaroma

1 3 Backbleche befeuchten und mit Backpapier belegen.

2 Die gemahlenen Mandeln sorgfältig mit dem Zucker vermengen. Die Eiweiße mit dem Mandelaroma steif und glänzend schlagen. Die Mandelmischung zu dem Eischnee geben und unterheben, bis sie gleichmäßig verteilt ist.

3 Mit einem Teelöffel kleine Portionen der Makronenmasse so auf die Backbleche setzen, dass sie Platz zur Ausdehnung haben. Die Makronen im vorgeheizten Ofen bei 180 °C (Gas Stufe 2) etwa 15 Minuten backen. Die Makronen sollten golden und außen fest, innen aber noch etwas weich sein.

4 Die Makronen aus dem Ofen nehmen, 5 Minuten abkühlen und fester werden lassen. Dann die Makronen mit einer Palette vom Backpapier heben und ganz auskühlen lassen.

Vorbereitungszeit **5 Min.**
Backzeit **10 Min.**
Gesamtzeit **15 Min.**

Mandelbruch

Diesen Mandelbruch serviert man zu Eiscreme oder starkem Kaffee. Luftdicht aufbewahren!

250 g Mandeln, geschält
250 g Zucker

1 Ein Backblech mit Backpapier auskleiden.

2 Die Mandeln im vorgeheizten Grill goldbraun rösten. Kurz abkühlen lassen, dann grob hacken.

3 Eine Pfanne mit Antihaftbeschichtung bei mittlerer Hitze heiß werden lassen. Den Zucker hineingeben und karamellisieren lassen. Darauf achten, dass die Hitze nicht zu groß ist und der Karamell dunkelbraun wird – er schmeckt dann bitter. Die Mandeln zugeben und einrühren. Die Masse auf das vorbereitete Backblech umfüllen.

4 Die Mandelmasse abkühlen lassen und dann in kleine Stücke zu Mandelbruch zerbrechen.

Für das Schokoladenrisotto unbedingt Qualitätsschokolade verwenden! Es produziert ein italienisches Flair, wenn man das Dessert in Kaffeetassen serviert.

Vorbereitungszeit **5 Min.** Garzeit **20 Min.**
Gesamtzeit **25 Min.**

Schokoladenrisotto

1 Milch und Zucker in einem Topf bis zum Siedepunkt erhitzen.

2 Die Butter in einem Topf zerlassen, den Reis zugeben und gut rühren, sodass jedes Reiskorn mit Fett überzogen ist.

3 Einen Schöpflöffel von der heißen Milch unterrühren. Wenn der Reis die Milch aufgesaugt hat, einen weiteren Schöpflöffel Milch zugeben. So fortfahren, bis alle Milch aufgesaugt ist. Der Reis sollte leicht bissfest sein und die Sauce cremig.

4 Haselnüsse, Sultaninen und geraspelte Schokolade zugeben und alles schnell und nicht zu lange vermengen, sonst geht der Marmoriereffekt verloren. Eine spezielle Note bekommt das Dessert, wenn man kurz vor dem Servieren noch einen Schuss Weinbrand zugibt. Mit geraspelter Schokolade garnieren.

600 ml Milch
ca. 3 EL Zucker
50 g Butter
125 g Arborio- oder Carnaroli-Reis
50 g Haselnüsse, geröstet und gehackt
50 g Sultaninen
125 g Schokolade, zartbitter (Kakaoanteil mindestens 70 %), geraspelt
einen Schuss Weinbrand (optional)
geraspelte Schokolade zum Garnieren

Vorbereitungszeit **5 Min.** Garzeit **20 Min.** Gesamtzeit **25 Min.**

Süßer Risotto

Dieses ungewöhnliche Dessert ähnelt einem Milchreis, hat aber mehr Aroma.

600 ml Milch
ca. 3 EL Zucker
1/2 TL Vanilleextrakt
50 g Butter
Schale von 1 Zitrone, fein gerieben
125 g Arborio- oder Carnaroli-Reis
50 g Rosinen
50 g Mandelblättchen, geröstet
3 EL Honig

1 Milch, Zucker und Vanilleextrakt in einem Topf bis zum Siedepunkt erhitzen, den Topf dann vom Herd nehmen.

2 Die Butter in einem Topf zerlassen, Zitronenschale und Reis zugeben und gut rühren, sodass der Reis mit Fett überzogen ist.

3 Die Rosinen und einen Schöpflöffel von der heißen Milch zugeben und unterrühren. Wenn der Reis die Milch aufgesaugt hat, nach und nach die restliche Milch zugeben. Schließlich sollte der Reis leicht bissfest mit einer cremigen Sauce sein.

4 Mit gerösteten Mandeln bestreut und mit Honig beträufelt in Dessertschalen servieren.

Register

Dank der Autorin

Ich möchte mich bei all jenen bedanken, mit denen ich gearbeitet habe: Ich glaube, dass wir alle voneinander lernen und inspiriert werden – wodurch neue Kreationen entstehen. Ich habe mit fantastischen und nicht ganz so fantastischen Küchenchefs zusammengearbeitet; alle haben mir geholfen, indem sie mich nachdenklich machten und so meinen Weg beeinflussten. Wenn man jung ist, geht es immer um Richtungen und Entscheidungen und ich bin glücklich, dass ich mich entschieden habe, zu reisen und zu arbeiten. Durch die Arbeit in den verschiedensten Ländern lerne ich die unterschiedlichsten Küchenchefs und die verschiedensten Zutaten kennen. Dieses Buch ist erfüllt von all meinen italienischen Einflüssen und den drei Dingen, die mir beim Kochen vor allem am Herzen liegen: die Schnelligkeit bei den Vorbereitungen, ein modernes Herangehen und frische Zutaten. Ich möchte mich auch bei Nicky Hill bedanken, der mir dieses Buch ermöglichte, bei meinem Partner David Tatton, der mit seinem kritischen Geschmack die Rezepte testete, und bei David Loftus, der die Fotografien anfertigte. Vielen Dank euch allen.

fran warde

Die bekannteste
Variante der
Frittata ist die
mit Gemüse,
doch die Zutaten
können nach
Belieben abgewandelt werden.

Bruschetta wird zu vielen italienischen Gerichten als Beilage gereicht – vor allem zu Suppen und Fischgerichten. Sie ist einfach zuzubereiten, zumal das Brot nicht frisch sein muss.

Wenn man Spaghetti Carbonara typisch italienisch servieren will, legt man in die Mitte eines jeden Tellers ein Eigelb in seiner Schale.